Medicijnkaarten

Dieren als symbolen van helende kracht

Jamie Sams & David Carson
Geïllustreerd door
Angela C. Werneke

D1673658

BECHT · HAARLEM

© 1988 tekst: Jamie Sams & David Carson
© 1988 illustraties: Angela C. Werneke
Published by agreement with Lennart Sane Agency AB
Oorspronkelijke titel: Medicine Cards, The Discovery of Power Through the
Ways of Animals
Oorspronkelijke uitgever: Bear & Company, Santa Fe, New Mexico
Voor het Nederlands taalgebied:
© 1992 Uitgeverij J.H. Gottmer/H.J.W. Becht BV
Postbus 160, 2060 AD Bloemendaal (e-mailadres: gottmer@xs4all.nl)
Vertaling: Marijke Koekoek
Zetwerk: Peter Verwey Grafische Produkties, Zwanenburg
Druk en afwerking: Drukkerij Haasbeek, Alphen a.d. Rijn

ISBN 90 230 0784 0
NUGI 626

Zevende druk, 1999

MEDICIJNKAARTEN

Van Jamie Sams verscheen:
Moeder Aarde kaarten

Met veel liefde en groot respect dragen wij dit werk op aan Grootmoeder Twylah. Zij heeft haar leven in dienst gesteld van de leringen van de Wolfclan en van de kinderen van Moeder Aarde. Voor *Ya-weh-node*, Zij van Wie de Stem op de Wind Rijdt.

Inhoud

Woorden van dank

Ik zou graag de vrouwen danken die mij de heilige leringen in vertrouwen hebben overgedragen: Opal, mijn moeder, en mijn tantes Ruby, Agnes en Phoebe. Weet dat ik jullie kennis eer heb betoond en dat ik haar heb doorgegeven aan hen die haar nodig hadden. Ik voel hoe jullie harten naar mij glimlachen vanaf de Blauwe Weg van Geest, en mijn hart is vol. Ik ben niet langer 'de onzichtbare'.

David Carson

Ik zou graag mijn leraren danken, de vrouwen en mannen die mij door de leegte van Grote Rokende Spiegel hebben geleid. Joaquin, mijn prachtige Maya-leraar, Grootvader Taquitz, die mij onvoorwaardelijke liefde betoonde, Grootmoeder Twylah, die mijn voortdurende bron van inspiratie is, en mijn twee grootmoeders Olna en Verna, bedankt dat jullie mij hebben geleerd de sterren aan te raken, mijn hart open te houden en mijn woorden en daden met elkaar in overeenstemming te brengen.

Jamie Sams

Aan Angela Werneke, onze fantastische kunstenaar, betuigen wij onze diepste dankbaarheid. Zij heeft de Wezens uit het Dierenrijk toegestaan naar haar toe te komen om het wezen van elk van hen getrouw te kunnen weergeven.

Tegen *al onze relaties* zeggen wij: wij bewijzen eer aan jullie leven en licht.

Inleiding

Terwijl we bezig waren alles bijeen te brengen wat we in de loop der jaren over helende kracht hebben geleerd van het dierenrijk en van onze leraren, kwamen we tot de ontdekking dat aan deze leringen grotere bekendheid zou moeten worden gegeven om het collectieve bewustzijn op een hoger peil te brengen. Wij als leraren hebben derhalve in de geest van de Wolfclan een waarzegmethode ontwikkeld die ieder mens kan helpen zijn of haar persoonlijke weg te vinden met behulp van de helende kracht van dieren.

Elke stam kent zijn eigen leringen. We hebben aspecten uit meerdere leringen onder één diersymbool samengebracht, teneinde levenslessen te kunnen overdragen die van toepassing zijn op het zoeken van de mens naar eenheid met *al zijn relaties*. De leringen zijn via de natuur tot ons gekomen en we zullen allen tot de natuur terugkeren. Elk deel van de schepping heeft zijn eigen waardevolle plaats in het Medicijnwiel van alles wat bestaat.

We voelen ons bevoorrecht dat we leringen mochten ontvangen van vele stamoudsten van de Choctaws, Lakota's, Seneca's, Azteken, Yaqui's, Cheyennes, Cherokees, Iroquois en Maya's. Vanwege de uiteenlopende leringen van deze tradities kunnen we in dit bestek slechts aan de oppervlakte raken van het diepe begrip dat mogelijk is met deze waarzegmethode. Het is niet onze bedoeling om in deze methode alle kennis onder te brengen over dieren als symbolen van helende kracht. Wij, als sjamanen en helers, willen een proces op gang brengen bij mensen die hun band met onze Moeder Aarde en al haar schepselen niet hebben begrepen. We hopen begrip te bieden aan hen die op zoek zijn naar de Eenheid van al het leven.

De visioenen die we over deze methode mochten ontvangen lieten zien dat het gaat om een plezierige manier om te leren begrijpen wat het betekent om 'in evenwicht over Moeder Aarde te lopen'. Onze persoonlijke krachtdieren hebben in de Droomtijd tot ons gesproken en onze hulp ingeroepen om de kennis te verspreiden dat al het leven heilig is en om hun waardevolle lessen door te geven.

Deze wijze waarzegmethode is in onze eigen levens van helende invloed geweest. Het ontwerpen ervan heeft ons kracht en vreugde gebracht. De viervoeters, de kruipers, de gevinden en de gevleugelden hebben hun wijsheid aan ons 'verklapt'. We hopen dat deze wijsheid jullie levens zal verrijken en dat jullie allemaal onze liefde zullen voelen tijdens jullie reis met ons.

Four Winds,
Jamie Sams en David Carson

Dä nāho! Wi:yo:h!
(Het is gezegd! Het is goed zo!)

Dieren als symbolen van helende kracht

De helende kracht waar het in deze methode om gaat, is een begrip uit de cultuur van de oorspronkelijke bewoners van Amerika. Het wordt gebruikt om alles aan te duiden wat de verbinding verbetert van een mens met het Grote Mysterie en met al het leven. Het kan hierbij gaan om het helen van lichaam, geest en ziel. Deze helende kracht omvat ook alles wat persoonlijke kracht, energie en begrip teweegbrengt. Het betekent leven op een manier die heling brengt aan Moeder Aarde, al onze metgezellen, familie, vrienden en medeschepselen. Helende kracht is bij de oorspronkelijke bevolking van Amerika een allesomvattende manier van leven, die inhoudt dat we in volmaakte harmonie met het universum over Moeder Aarde moeten lopen.

De dieren, onze medeschepselen, vertonen gedragspatronen waarin iedereen die slim genoeg is om hun levenslessen op te merken, helende boodschappen kan ontdekken. Deze kostbare geschenken van helende kracht zijn gratis. Aan elke les ligt een belangrijk idee of concept ten grondslag. Ter wille van de overzichtelijkheid wordt aan elk dier een van deze lessen toegekend. In werkelijkheid heeft elk dier van de schepping honderden lessen te schenken. Al deze lessen zijn bovendien krachten waarop een beroep kan worden gedaan.

Wanneer je een beroep doet op de kracht van een dier, vraag je om in volmaakte harmonie te raken met de kracht van het wezen van dit schepsel. Deze manier om begrip te verwerven via de broeders en zusters van het dierenrijk is een helend proces, dat met nederigheid en intuïtie ondergaan moet worden. We hebben bepaalde aspecten van de lessen van deze broeders en zusters uitgekozen om de lessen te weerspiegelen die elke ziel moet leren op de Goede Rode Weg. Deze lessen zijn: wees menselijk, wees kwetsbaar en zoek heelheid met al wat bestaat. Zij vormen een onderdeel van de weg naar kracht.

Kracht wordt gevonden in de wijsheid en het begrip van je rol in het Grote Mysterie, en door elk levend ding als een leraar te eren. De lessen die hier worden overgedragen zijn eeuwig en zij staan altijd ter beschikking. Als het leren voorbij is, is ook de magie en het leven voorbij.

Deze waarzegmethode vormt slechts een heel klein onderdeel van het proces waarbij iemand wordt geleerd hoe hij of zij intuïtief kan zijn, de waarheden van de natuur kan zoeken, om kan gaan met de schepselen van het Grote Mysterie, en het voor de hand liggende kan opmerken in de stilte. De stilte van de kalme geest vormt de heilige vruchtbaarheid van de ontvangende ziel. Als je dit kaartspel in stilte gebruikt, zal er een wonderlijke nieuwe wereld tot je spreken via het gedrag van je medeschepselen.

Het is mogelijk dat je dieren ontdekt die op een bijzondere manier tot je spreken – de manier waarop kracht wordt overgedragen. Deze schepselen zijn waarschijnlijk dragers van speciale kracht voor jou. Zij zullen je in de Droomtijd bezoeken als je hen nauwkeuriger moet bestuderen. Je bondgenoot in kracht behoort tot een bepaalde soort, waarvan je voelt dat je er een belangrijke band mee hebt. Deze soort wordt je leraar. Je zult jezelf toestaan ermee te groeien en ervan te leren. Niets kan de waarneming van deze schepselen in hun natuurlijke omgeving vervangen, omdat deze waarneming je in verbinding brengt met de Aarde, het dier en het Grote Mysterie.

De ziel van de bondgenoot treedt zo nu en dan het bewustzijn binnen van iemand die de Weg van Kracht sinds vele jaren is gegaan, en biedt dan hulp bij het helen. Dit is een onderdeel van het initiatieproces, en geeft de heler grote kracht.

Terwijl je leert om de kracht in te roepen van welk mens, schepsel of natuurlijke kracht dan ook, dien je een eerbiedige houding aan te nemen en bereid te zijn hulp te aanvaarden. Zo weten Indiaanse kleine kinderen dat zij een beroep kunnen doen op de kracht van hun ouders als zij verdwaald zijn. De kracht van de ouders bereikt het kind dan, hoewel zij niet fysiek aanwezig zijn.

De ouders zullen voelen dat hun kind hen nodig heeft. Vaak zullen zij in staat zijn om als het ware door de ogen van hun kind te zien en vast te stellen waar het zich bevindt. Dit is een soort kracht die voortkomt uit het idee van eenheid, uit het idee dat elk wezen binnen in zichzelf een deel van alle andere wezens bezit. Het is de wet van ééénzijn.

Het is ook mogelijk een beroep te doen op de kracht van een dier wanneer je specifieke talenten nodig hebt. Daar alle dingen in dit universum uit dezelfde bouwstenen bestaan – de atomen – kan men betrekkelijk veilig aannemen dat we allemaal communiceren via de gemeenschappelijke noemer van elk atoom, de scheppende kracht of Grote Geest die *in* het Grote Mysterie huist. Door het onderwijs in deze waarheden zijn inheemse volken tot begrip gekomen. Deze zelfde waarheden kunnen jou op het goede spoor zetten.

Helende kracht

In oude tijden was het gebruikelijk dat een ingewijde, een zoeker of iemand die behoefte had aan leiding voor de stamoudsten verscheen. Dit waren er meestal zes en zij zaten in het Noorden. De stamoudsten waren wijs, niet slechts omdat zij een lang leven achter de rug hadden, maar omdat zij kennis hadden van de innerlijke geheimen. Zij begrepen de sporen van Wolf in de geest, zij ervoeren vele indrukwekkende visioenen, en zij erkenden hun eigen krachten en gaven.

Probeer je eens voor te stellen: een zacht knetterend Raadsvuur en zes stamoudsten die in het Noorden zitten, onder een wassende maan. De nieuwe maan is op de Aarde getekend met stuifmeel uit graan. Komend vanuit het Zuiden zitten links hiervan drie oudere mannen en rechts drie oudere vrouwen. Te midden van de duisternis baden de oude mensen in het licht van het vuur. Je gaat voor de tweede, of middelste, man zitten. De blik in zijn felle, vogelachtige ogen houdt de jouwe als in een bankschroef gevangen. Hij houdt een met kralen versierde zak of buidel in zijn handen. Er staan symbolen en tekens van kracht op, en de onderkant is met franje versierd.

De middelste man maakt met een beweging duidelijk dat je iets uit de buidel moet pakken. Dit doe je. Je haalt er misschien een tand van Wolf of een klauw van Beer uit. Hij zegt dat je het voorwerp op een bepaalde plaats op de grond tussen jullie in moet leggen. Dit doe je. Dan pak je nog meer voorwerpen uit de buidel en legt alles bij het eerste. Elke plaats of richting heeft betekenis, elk object vertegenwoordigt een les of een talent.

De middelste vrouw kijkt naar de voorwerpen die je hebt uitgekozen en naar het patroon waarin je deze hebt gelegd. Ze begint met kalmerende stem tegen je te praten. Het lijkt wel of ze alles van je weet, of ze binnen in je reikt naar je ziel. Ze is een gids en een wijze raadgever. Ze kan je vertellen of en hoe je het spoor bijster bent geraakt. Ze kan je vertellen of een kwaadwillend mens of kwaadwillende kracht streken met je heeft uitgehaald en op welke wijze. Ze kan je adviseren over eventuele problemen met je gezondheid. Ze kan je spirituele ontwikkeling richting geven. Ze zorgt ervoor dat je bij jezelf naar binnen kijkt zoals je nog nooit hebt gedaan, en je komt tot de ontdekking dat je in harmonie bent met de gehele schepping. Ze kan je advies geven over wat dan ook. Wanneer je de stamoudsten verlaat, voel je je van kracht doortrokken en in staat elke situatie het hoofd te bieden. Je voelt je heel.

Vandaag de dag bestaat er behoefte aan dit soort leiding. De medicijnkaarten met symbolen van helende kracht kunnen deze leiding bieden. We leven in een tijdperk waarin men zich heeft afgekeerd van natuur en magie. De kaarten vormen een methode om deze breuk te helen.

De negen totemdieren

Ieder mens heeft negen totemdieren; zij stellen de krachten voor waarover de mens beschikt gedurende zijn Pad op Aarde. Deze wezens uit het dierenrijk vertegenwoordigen de bekwaamheden, talenten en uitdagingen van een mens.

Wanneer een mens bijvoorbeeld Wolf als totemdier heeft, is hij of zij een geboren leraar, pionier, vernieuwer en initiatiefnemer. Dit betekent niet noodzakelijkerwijs dat zo iemand deze gaven ook onderkent en ten volle benut. Het kan betekenen dat Wolf er is om deze persoon te laten begrijpen welke talenten hij of zij dient te ontwikkelen. Als de betreffende persoon geen weet heeft van zijn talenten, zou Wolf best eens ondersteboven, dat wil zeggen in negatieve zin, in de kaarten kunnen verschijnen.

Aan het begin van je Pad op Aarde wordt je stoffelijk lichaam omgeven door zeven richtingen. Deze richtingen zijn Oost, Zuid, West, Noord, Boven, Beneden en Binnenin. De richting die Binnenin wordt genoemd, bestaat binnen je maar omgeeft je ook; het hele universum ligt immers binnen je bewustzijn. Je hebt een totemdier in elk van de zeven richtingen. Elk totemdier leert je de lessen van die bepaalde richting. Om je eigen totemdieren te vinden, moet je de kaarten met de afbeeldingen naar beneden in een boog voor je op tafel leggen. Pak dan een stuk papier en schrijf eerst de richting Oost op. Oost is namelijk de 'gouden deur' of het toegangspunt tot het Medicijnwiel. Schrijf Oost, Zuid, West, Noord, Boven, Beneden en Binnenin aan de linkerkant van je papier. Zorg dan dat het van binnen stil wordt in je en vraag op een eerbiedige manier aan de wezens uit het dierenrijk die je stille gidsen en helpers zijn om je hand naar hun medicijnkaarten te leiden. De eerste kaart die je trekt, zal je dier van het Oosten zijn, de tweede kaart je totem van het Zuiden, enzovoort voor alle zeven richtingen. Schrijf de namen van de dieren op je papier, naast de richting waar ze bij horen. Je zult misschien verrast zijn door de keuzen, maar ze zullen juist zijn. Door gebruik te maken van deze intuïtieve methode zul jij, als zoeker, verbinding krijgen met je eigen gidsen. Wanneer je eenmaal je zeven dieren voor de zeven richtingen hebt gekozen, moet je je aan deze keuze houden. Dit zijn de wezens uit het dierenrijk die jouw kracht vormen.

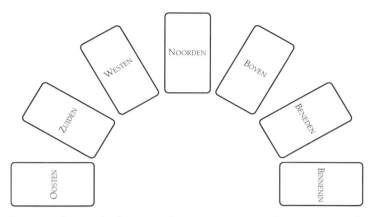

De twee dieren die het aantal totems op negen brengen, zijn de dieren die altijd aan je linker- en je rechterkant naast je lopen en die misschien al jaren in dromen aan je verschijnen. Als ze niet in je dromen aan je zijn verschenen, zijn het wellicht dieren waartoe je je voelt aangetrokken, maar die niet zijn opgedoken tussen de zeven die je hebt uitgekozen. Misschien openbaren deze twee schepselen zich wel op een later tijdstip. Of het 'klikt' gewoon met twee van de dieren waarvan je in dit boek de eigenschappen leest. Het kan echter ook zijn, dat de twee die naast je lopen niet in deze tekst voorkomen. Ze kunnen uit onverschillig welk deel komen van het koninkrijk der dieren op onze Moeder Aarde. Een van hen zou een giraffe kunnen zijn, of een koala, een panter of een wasbeer. Om de krachten van deze dieren beter te begrijpen, kun je een boek over hun gewoonten raadplegen. Je kunt dan zien hoe hun eigenschappen van toepassing zijn op zowel de mensheid als op jezelf.

Door op deze manier je kaarten te kiezen, kunnen je opvattingen over jezelf geen invloed uitoefenen. Je zult dan ook meer leren over je ware aard wanneer je de dieren eenvoudigweg toestaat naar jou toe te komen.

BETEKENIS VAN DE NEGEN TOTEMDIEREN
Oost: Het dier in het Oosten leidt je naar je grootste spirituele uitdagingen en bewaakt je pad naar verlichting.
Zuid: Het dier in het Zuiden beschermt het kind in je en herinnert je eraan wanneer je nederig moet zijn en wanneer je moet vertrouwen, zodat onschuld in evenwicht zal zijn in je persoonlijkheid.

West: Het dier in het Westen leidt je naar je persoonlijke waarheid en innerlijke antwoorden. Het toont je ook de weg naar je doelen.

Noord: Het dier van het Noorden geeft wijze raad en herinnert je eraan wanneer je moet spreken en wanneer je moet luisteren. Het herinnert je er ook aan om elke dag dankbaar te zijn voor elke zegening.

Boven: Het Bovendier leert je hoe je eer moet bewijzen aan de Grote Sternatie. Het herinnert je eraan dat je afkomstig bent van de sterren, en dat je naar de sterren zult teruggaan. Dit dier is ook de bewaker van de Droomtijd, je persoonlijke toegang tot de andere dimensies.

Beneden: Het Benedendier brengt je lessen over het binnenste van de Aarde, en leert je hoe je gegrond en op het pad moet blijven.

Binnenin: Dit dier leert je hoe je de vreugde van je hart kunt vinden en hoe je trouw moet zijn aan je persoonlijke waarheden. Het is ook de beschermer van je heilige ruimte, van de plaats die alleen van jou is en die uitsluitend op uitnodiging kan worden gedeeld.

Rechterkant: Dit dier beschermt je mannelijke kant en leert je dat het je Vader-beschermer zal zijn, welke kant je ook opgaat. Dit dier is ook de drager van je moed en van je strijdbare geest.

Linkerkant: Dit dier is de beschermer van je vrouwelijke kant. Zijn les is dat je moet leren om overvloed te ontvangen en om jezelf en anderen te voeden. Het der aan de Linkerkant is ook je leraar wanneer het gaat om relaties en koesteren.

Het Medicijnwiel

Alle ruimte is heilige ruimte. Elke centimeter van Moeder Aarde vormt een met speciale energie geladen verbinding met het een of andere levende wezen. Elke centimeter ruimte moet daarom geëerd worden. Het Medicijnwiel (*Medicine Wheel*) is een tastbare uitdrukking van deze kennis. Het kan gebruikt worden om een gewijde ceremoniële ruimte vast te stellen. Het wordt geconstrueerd door twaalf grote stenen in een cirkel te leggen, die aldus lijkt op de wijzerplaat van een klok. De vier grootste stenen worden op de hoofdrichtingen geplaatst. Begin met de steen in het Zuiden te leggen, de plaats van het kind, de plaats waar het leven begint. Ga dan naar het Westen, vervolgens naar het Noorden en ten slotte naar het Oosten. De Oostelijke steen wordt het laatst geplaatst omdat de ruimte binnen de cirkel wordt gevuld met geest die door de Oostelijke opening binnenkomt. Deze Oostelijke opening is de gouden deur naar verlichting. Wanneer ze gesloten gaat worden, is het moment aangebroken om geest te vragen de ruimte te vullen, opdat wederkerige verering en liefde kan ontstaan. Dit is een van de traditionele manieren om een Medicijnwiel te maken.

Het Medicijnwiel wordt gebruikt om op één plaats de energie te verzamelen afkomstig van alle wezens uit het dierenrijk, van de Stenen Mensen, Moeder Aarde, Vader Hemel, Grootvader Zon, Grootmoeder Maan, de Hemelwereld of Sternatie, de Onderaardsen, de Staande Mensen of bomen, de Tweevoeters of mensen, de Hemelbroeders en -zusters, en de Donderwezens. In de Indiaanse leringen beschouwen we hen als *al onze relaties*.

Tijdens ceremoniën wordt de verbondenheid met alle leven geëerd en erkend. Dankbaarheid hiervoor wordt geuit in gezangen, dansen en rituelen. Grote Geest en het Grote Mysterie geven altijd leiding aan deze ceremoniën.

Het Medicijnwiel is een symbool voor het wiel van het leven, dat zich voor eeuwig ontwikkelt en nieuwe lessen en waarheden brengt over het bewandelen van het pad. Aan het Pad op Aarde ligt de idee ten grondslag dat ieder van ons vele malen op elke spaak van het grote wiel van het leven moet staan en dat elke richting geëerd moet worden. Pas wanneer je in de mocassins van anderen hebt gestaan, of op hun spaken van het wiel, zul je waarlijk hun harten kennen.

Het Medicijnwiel leert ons dat alle lessen gelijkwaardig zijn, net zoals alle talenten en bekwaamheden. Elk levend wezen zal eens elke spaak van het wiel zien en ervaren, en deze waarheden kennen. Het Medicijnwiel vormt een weg naar waarheid, vrede en harmonie. De cirkel kent geen einde, is leven zonder einde.

Door de Goede Rode Weg te ervaren, leert men de lessen van het bestaan als mens of van mens-zijn. Deze weg loopt van Zuid naar Noord in de cirkel van het Medicijnwiel. Na de overgangservaring van de dood komt men op de Blauwe of Zwarte Weg, die de wereld van de grootvaders en de grootmoeders vormt. In de geest gaat men door met leren door degenen die op de Goede Rode Weg overblijven met raad bij te staan. De Blauwe Weg van geest loopt van Oost naar West.

Het Medicijnwiel is het symbool van het leven, het leven na de dood en de wedergeboorte, en voor de eerbied voor elke stap op deze weg.

Medicijnwiel

Het Schild van Kracht

Het Schild van Kracht is de uitdrukking van de unieke levensweg van de maker ervan. Met het schild wil de maker bijvoorbeeld aan anderen laten weten dat hij of zij een nieuw niveau in persoonlijke groei heeft bereikt. Het kan ook de volgende hindernis voorstellen die de maker wil overwinnen.

Het schild van een krijger sprak van oudsher van de innerlijke kracht die hij zou aanwenden om de stam te helpen. Het schild van een Indiaanse vrouw sprak van haar gave tot koesteren en van haar talenten op het gebied van in de toekomst zien, helen, weven, magie, zingen, dansen, kralen rijgen, et cetera. Schilden waren uitdrukking van de plaats die de drager innam in het familieverband van de stam, en van zijn of haar totems.

Doordat de Schilden van Kracht een beroep deden op de erkenning van de gaven van een ander, zorgden zij voor harmonie in gezin, stam en volk. Schilden spraken zowel van de innerlijke waarheden als van de uiterlijke persoonlijkheden van hun makers. Iedere vrouw maakte haar eigen schild. Iedere man koos een broeder om dit voor hem te doen. Op deze manier liep het mannelijk ego de waarheid niet voor de voeten. Vrouwen stonden al in verbinding met hun intuïtie. Zij waren beter in staat om te horen wat hun 'stemmen' hun vertelden over hun gaven. Vrouwen begrepen ook het begrip zusterschap; zij lieten de rol van beschermer over aan de mannen, terwijl zij de rol op zich namen van Moeders van de Scheppende Kracht. Vrouwen maakten aldus op ootmoedige en creatieve wijze hun eigen schilden.

Het werd als een grote schande beschouwd wanneer iemand over zijn gaven loog. Een leugen kon trouwens sowieso leiden tot permanente verbanning uit de stam. De mensen die dit overkwam, vonden meestal werk als gids van de blanken. Ook stonden zij de cavalerie terzijde als tolken met gespleten tong. Schilden die hadden gelogen werden verbrand tijdens een plechtigheid die gepaard ging met grote rouw. De makers van deze schilden werden onzichtbaar voor de andere leden van de stam en het volk.

Vaak werd een schild gemaakt om de uitvoer van een plan op gang te brengen. Het bevatte dan het gewenste eindresultaat. Andere schilden werden gemaakt om verhalen te vertellen over een strijd, een jacht, of een Roep om een Visioen. Wanneer er reden was voor een speciale plechtigheid, werd er een schild gemaakt dat de vreugde van de stam uitbeeldde en de geesten die met de mensen zouden communiceren. Schilden werden gemaakt als talisman voor gemakkelijke geboorten en overvloedige oogsten, of ten teken dat iemand de riten had ondergaan die samenhangen met de overgang van kind naar volwassene.

Wanneer er een huwelijk op stapel stond, werd het schild van de bruidegom tegenover de bruid geplaatst, en dat van de bruid tegenover de bruidegom, teneinde de innerlijke zielegeheimen van de een aan de ander te openbaren. Wanneer zij daadwerkelijk getrouwd waren, werden de schilden op speren geplaatst; deze werden gekruist opgehangen aan de deur van de echtelijke woning, zodat de twee schilden één vormden. Schilden gingen ook mee met hen die waren overgegaan naar het rijk van de geesten, ten teken dat het Pad op Aarde succesvol ten einde was gebracht. Bovendien waren de grootvaders en grootmoeders die eerder waren gegaan dan op de hoogte van de talenten van degene die was overgegaan.

Een Zonnedansschild wordt gemaakt als symbool van de wens van de mannelijke danser zijn lichaam op te offeren voor wereldvrede. Dit schild is een teken van de levenspatronen die deze krijger weggeeft om zowel wereldvrede als harmonie met zichzelf te bevorderen. Het spreekt van zijn wens om nederigheid te betrachten, om voor de Zon in het licht te dansen, om te zoeken naar het inzicht van wat nodig is en om de pijn te dragen van al onze relaties.

De geheime schilden van de vrouwen van het Huis van de Maan spreken van de talenten van deze vrouwen en van de innerlijke kracht waarmee zij hun zusters ondersteunen. Deze schilden worden nooit aan de buitenwereld getoond, omdat elk schild de geheime innerlijke ruimte van zijn maker verbeeldt. Iedere vrouw openbaart haar innerlijke zelf in volledig vertrouwen aan haar zusters, maar laat haar complete gezicht nooit aan de buitenwereld zien. Zij beschermt op deze manier de scheppende kracht die zij in haar baarmoederruimte draagt, de kracht die de ritmen van de Aarde en de maan volgt.

Elk schild is de drager van kracht. Via de kunstzinnigheid en de zelfexpressie waarmee het gemaakt is, vormt het de essentie van een tijd en ruimte die bepaalde aspecten van kennis draagt. Alle mensen dragen schilden met de lessen die zij hebben opgedaan van de vier richtingen op het Medicijnwiel. Deze lessen kunnen hun sterke en zwakke punten omvatten, hun talenten en gaven, alsmede hun inzichten, doelen en plaatsen in het leven. De totem van elke richting kan worden uitgebeeld door een veer, een pootafdruk, een symbool, of door een stukje hoorn, tand, been, huid, bont of vin van het totemdier.

Elk schild is voor de maker ervan een herinnering aan zijn of haar verbinding met het leven. In onzekere tijden is het Schild van Kracht een bron van troost, een bron van bescherming tegen angst, en een herinnering aan de sereniteit die voortkomt uit weten en verbondenheid. Onzekerheid vreet energie. Om deze te compenseren, wordt het schild door de maker ervan als meditatie-object gebruikt. Wanneer hij of zij de stilte binnentreedt, worden vragen naar het mysterie van het 'zelf' beantwoord.

Schilden van Kracht stellen bakens voor die onze reis naar wijsheid en heelheid richting geven. Het is onze taak om tijdens ons Pad op Aarde de schilden van Zelf in evenwicht te houden. Terwijl we naar heelheid streven, weerspiegelen we zowel de harmonie als de disharmonie van de vele fragmenten waaruit Zelf is opgebouwd.

Schilden van Kracht herinneren ons eraan dat alle dingen in het leven hun volmaakte tijd en plaats hebben. Vreugde wordt in evenwicht gehouden door tranen, heilige stilte door oneerbiedige clownerie, gevoel van eigenwaarde door nederigheid, geven door ontvangen, dag door nacht, licht door schaduw, en wijsheid door onschuld. In evenwicht leven, betekent eerbied betonen aan het leven, het betekent het leven heiligen.

Schilden van Kracht zijn de helende werktuigen die we onszelf geven om de geest te kalmeren en de wil te versterken. De waarheid behoeft geen uitleg, slechts beschouwing. Aldus kan intuïtie het hart leiden, zodat de mensheid meer te vieren zal hebben dan te rouwen.

Manieren om de kaarten te leggen

De medicijnkaarten die bij dit boek horen zijn genummerd. Elke kaart vertoont aan de beeldzijde een dier in een schild van kracht. Als de kaart bij het omdraaien ondersteboven komt te liggen, zullen het cijfer en het dier ondersteboven liggen. Daarom worden er bij elke kaart telkens twee lessen gepresenteerd: een voor het geval waarin de kaart in de goede positie ligt, en een voor het geval waarin de kaart ondersteboven ligt.

Het is altijd het best om voordat je begint alle kaarten rechtop te leggen. Daarna kun je de kaarten op je eigen manier schudden of wassen. Nadat je dit hebt gedaan, leg je alle kaarten met de beeldzijde naar beneden, zodat je de tekeningen van de dieren niet kunt zien. Spreid de kaarten dan uit over de tafel, en kies een kaart voor een dagelijkse meditatie. Doe dan in stilte het volgende. Lees de informatie over de kaart in het boek. Geef vervolgens het dier de gelegenheid tot je te spreken over wat het je nog meer wil leren. Je kunt ook door intuïtie weten op welke manier de les van toepassing is op jouw levenssituatie, of op een bijzondere uitdaging die je het hoofd moet bieden.

HET PATROON VAN DE WEG

Een andere manier om de medicijnkaarten te gebruiken, wordt gevormd door de kaarten neer te leggen in een oud patroon dat afkomstig is uit een waarzegmethode van de druïden. Dit patroon geeft je globale informatie over je levensweg. De kaarten worden neergelegd zoals afgebeeld.

Zo dien je de betekenis van elke kaart uit te leggen:
1) Je verleden.
2) Je heden.
3) Je toekomst.
4) Het patroon van de levenslessen dat momenteel door je leven heen beweegt.
5) De uitdaging die je bedwongen hebt of de les die je net hebt geleerd.
6) Wat er in je voordeel werkt.
7) Wat er in je nadeel werkt.
   Als je dit oude druïdische patroon gebruikt, kun je je huidige

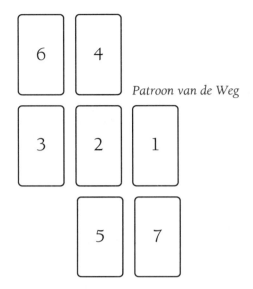

Patroon van de Weg

weg zien, maar ook waar je bent geweest, waar je heen gaat, waardoor je wordt uitgedaagd en wat je hebt voltooid.

HET PATROON VAN HET MEDICIJNWIEL

Elk van de vier richtingen in het patroon van het Medicijnwiel vertegenwoordigt aspecten van je persoonlijkheid waar je eens goed over moet nadenken. Zij onthullen ook hoe je van jezelf, van anderen en van de dieren kunt leren. De kaart in het midden ligt in de Heilige Berg- of Heilige Boompositie.

1) **De kaart van het Oosten**. De kaart in deze positie laat zien waar je spirituele kracht ligt en geeft de richting aan die je spirituele weg gaat nemen. Deze kaart kan ook de belangrijkste uitdaging blootleggen die helderheid in je huidige situatie zal brengen.

2) **De kaart van het Zuiden**. De kaart in deze positie beschrijft wat het kind in je leert van de kracht van het dier dat erop is afgebeeld, terwijl de volwassene in je door het leven wandelt. Het gaat om hetgeen je in jezelf moet vertrouwen, om wat je moet koesteren tijdens je groeiproces.

3) **De kaart van het Westen**. De kaart in deze positie brengt je de innerlijke oplossing voor de uitdagingen in je huidige leven. De kaart maakt duidelijk aan welke doelen je aandacht moet schenken en hoe je het gewenste resultaat kunt bereiken.

4) **De kaart van het Noorden**. De kaart in deze positie leert je hoe je de lessen van de andere richtingen spiritueel kunt toepassen en integreren. De kracht van de kaart die in het Noorden verschijnt, is de sleutel tot leven in wijsheid, kennis van je innerlijke leraar en verbondenheid met doel en bedoeling van het hogere Zelf.

5) **De kaart van de Heilige Berg**. De positie van de Heilige Berg vraagt je om naar het heden te kijken. In deze positie bevind je je in zekere zin op het kruispunt van de spirituele en stoffelijke werkelijkheden. Deze kaart zal dan ook aangeven hoe je spirituele en stoffelijke werkelijkheden zich hebben vermengd tot de 'jij' van dit moment. Net als alles is ook dit 'jij' in ontwikkeling. Morgen zal het meer begrip hebben dan vandaag, en je kunt derhalve morgen een andere kaart trekken. Als je dit teken aanvaardt, weet je wie je op dit moment bent. Daarna wordt misschien duidelijk wat je moet veranderen of bijsturen, of je evenwichtig of overstuur bent, en of je de stilte moet binnengaan om antwoorden te ontvangen.

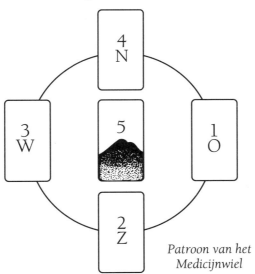

Patroon van het Medicijnwiel

HET PATROON VAN HET HUIS VAN DE ZON

Dit is ook een patroon van het Medicijnwiel, maar dit stelt vast hoe anderen je zien. Het is het patroon van op de buitenwereld gerichte betrekkingen. Als je het toepast, vraag je de helende krachten je te vertellen hoe iemand anders jou waarneemt. De kaarten worden op precies dezelfde manier uitgelegd als bij het vorige patroon, maar met dit verschil: terwijl je de kaarten in patroon legt, houd je het beeld in gedachten van degene over wie je vraagt.

1) **De kaart van het Oosten.** Deze kaart vormt een aanwijzing over hoe de persoon in kwestie jou in spiritueel opzicht waarneemt.

2) **De kaart van het Zuiden.** Deze kaart vormt een aanwijzing over hoe de persoon in kwestie jou ziet met betrekking tot de stoffelijke wereld.

3) **De kaart van het Westen.** Deze kaart vormt een aanwijzing over de manier waarop de persoon in kwestie waarschijnlijk op jou reageert met betrekking tot je diepste verlangens.

4) **De kaart van het Noorden.** Deze kaart vormt een aanwijzing over hoe de persoon in kwestie jou in intellectueel opzicht bekijkt.

5) **De middelste kaart.** Deze kaart vormt een aanwijzing over het totale beeld dat de persoon in kwestie waarschijnlijk van je heeft. Deze kaart roept voor de geest hoe de persoon in kwestie onmiddellijk zal reageren op je aanwezigheid.

HET PATROON VAN HET HUIS VAN DE MAAN
(Innerlijke Boom om bij jezelf uit te komen)
'Er zijn meer wortels dan takken,' zeiden de oude wijzen. Daarmee wilden ze zeggen hoe belangrijk het is te weten wat er onder de oppervlakte leeft. Het patroon van het Huis van de Maan weerspiegelt je persoonlijk onbewuste. De wereld kent je buitenkant, maar alleen jij kent de krachten die diep in je aan het werk zijn. Met behulp van het patroon van het Huis van de Maan kun je derhalve aan het licht brengen wat tot nu toe verborgen was. Als je met dit patroon aan de slag gaat, zul je de sluier van leugens en zelfbedrog verscheuren waarmee je je groei hebt tegengewerkt.

Het patroon van het Huis van de Maan is precies hetzelfde als de vorige patronen van het Medicijnwiel.

1) **De kaart van het Oosten.** In het patroon van het Huis van de Maan staat deze kaart bekend als de Kaart van de Wervelende Geest. Zij vormt de sleutel waarmee je je spirituele natuur kunt ontsluiten. Zij stelt je in staat je spirituele talenten en vermogens helder te gaan zien.

2) **De kaart van het Zuiden.** Deze kaart is de Kaart van Nieuwe Groei of de Kaart van Zaad. Kijk of je met behulp van deze kaart een nieuw begin kunt ontdekken, hetzij wat persoonlijke relaties betreft, hetzij wat de manier betreft waarop je je aan de omgeving aanpast.

In het patroon van het Huis van de Maan kan deze kaart je
werkelijke gevoelens voor iets of iemand onthullen. Het is de kaart
die je je verborgen emoties ten opzichte van iets of iemand laat zien.
3) **De kaart van het Westen**. Dit is de Kaart van de Droom in de
Droom. Deze kaart kan je de weg wijzen naar je werkelijke
levensdoel, dus bestudeer haar zorgvuldig. Is je droom of visioen
een voortbrengsel van je oppervlakkig ego, of komt hij voort uit
grondige introspectie? In het laatste geval zul je de doelen
verwezenlijken die je hogere Zelf je voorstelt. Hier in het Westen
kun je je werkelijke levensopdracht tot je laten doordringen.
4) **De kaart van het Noorden**. Deze kaart wijst op de innerlijke
wijsheid waarvan je misschien niet wist dat je haar bezat. Het
Noorden is de plaats waar wijsheid en kennis te vinden zijn. Deze
kaart wijst je erop dat antwoorden niet buiten jezelf te vinden zijn.
Zij spoort je vriendelijk aan naar het voorbeeld van het dier te
kijken en dezelfde wijsheid in jezelf te vinden. Als je deze kaart
bestudeert met het idee dat je jezelf kent, zal elk eventueel
zelfbedrog doorbroken worden.
5) **De middelste kaart**. Deze kaart wijst op het punt waar de
krachten van de vier richtingen van je persoonlijk onbewuste
samenkomen. Het is het Schild van Kracht van het Ware Zelf. Dit
is de Kaart van de Cirkel van Kennis van het Binnenste, de hoofd-
wortel van je persoonlijk bewuste. Wanneer je het Ware Zelf en het
Binnenste kent, kunnen buitenstaanders je nooit meer misleiden.

HET VLINDERPATROON

Dit patroon wordt gebruikt om het resultaat te bepalen van
projecten of groepsinitiatieven. Er worden vier kaarten getrokken
en in het klassieke patroon gelegd van de vier richtingen op het
Medicijnwiel: het Oosten, Zuiden, Westen en Noorden. Deze
kaarten zullen aangeven welke fasen je project of activiteit zal
doorlopen op weg naar totstandkoming.
1) **De kaart van het Oosten**. Deze kaart staat bekend als de Kaart
van het Ei of de Positie van het Ei. Zie deze kaart als de kern of het
zaad van je idee, project of activiteit. Laat de kracht van deze kaart
inwerken op het concept van je onderneming. Deze kaart wijst op
de waarde van het innerlijk hart van je plan. Is het de kracht die op
dit moment en op deze plaats nodig is?
2) **De kaart van het Zuiden**. Deze kaart staat bekend als de Kaart
van de Larve of de Positie van de Larve. Deze kaart heeft te maken
met wat er in het begin nodig is. Wat moet er worden gedaan en

hoe zal het in de praktijk worden gedaan? Wie zal de verantwoordelijkheid op zich nemen voor dit Werk? De kracht van de Kaart van de Larve is de kracht van het vlinderei dat een groeiende, spartelende rups wordt. Zal er voldoende energie zijn om de hindernissen te nemen? De rups werpt tijdens de groei haar huid vele malen af. Zullen de vele ego's die bij je project betrokken zijn zich inschikkelijk betonen (hun huid afwerpen) om het boeken van succes te vergemakkelijken?

3) **De kaart van het Westen.** Deze kaart staat bekend als de Kaart van de Cocon of de Positie van de Cocon. Bij deze kaart gaat het om een hoger doel. In deze positie treedt de grootste transformatie op, die lijkt op de transformatie die plaatsvindt in de cocon, waaruit spoedig een prachtige vlinder te voorschijn komt. Bij het bekijken van deze kaart is het goed om je af te vragen waarom je meedoet aan de activiteit of het project dat je bezighoudt. Doe je het om de Grote Geest en de stam te helpen, of doe je het om jezelf te helpen? Als je activiteit of project tot doel had jezelf van dienst te zijn, zal het hoogstwaarschijnlijk een averechtse uitwerking hebben. Niet het zelf, maar de familie, de clan, het volk en de Grote Geest moeten er baat bij hebben.

4) **De kaart van het Noorden.** Deze kaart staat bekend als de Kaart van de Vlinder of de Positie van de Vlinder. Deze kaart vertelt je waarschijnlijk of de Grote Geest hand in hand met jou en

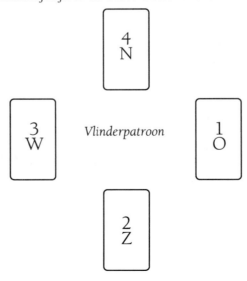

Vlinderpatroon

je groep of project heeft gelopen. Kijk naar deze kaart om erachter te komen wat voor beloningen er te verdienen zijn. Zul je er financieel op vooruit gaan? Je vindt het misschien vreemd om naar het Noorden – de Geest – te kijken om een antwoord op deze vraag te krijgen. Maar zoals iedereen die iets van esoterie weet je kan uitleggen, *ontstaat materie uit visioen en geest.* Dat is een wet. Deze kaart vormt de plaats van manifestatie.

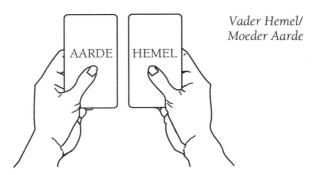

Vader Hemel/
Moeder Aarde

HET PATROON VAN VADER HEMEL / MOEDER AARDE

Dit patroon kun je toepassen om je evenwicht te herstellen wanneer je hectische tijden beleeft en het gevoel hebt dat je je verwarring moet zien kwijt te raken.

De persoonlijkheid van elk wezen bestaat uit twee kanten: de vrouwelijke kant of het vrouwelijke zelf, en de mannelijke kant of het mannelijke zelf. Je mannelijke kant bestaat uit de energie van een krijger. Het gaat niet om oorlogszuchtige energie, maar meer om demonstratieve energie. Het is de kant die de moed heeft voorwaarts te gaan, het gedeelte van je wezen dat de beschermer is van alles wat je schept. Je mannelijke zelf besluit verder te komen in de wereld en op zoek te gaan naar avontuur of ideeën te verwezenlijken. Misschien is het de vader in je, die altijd klaar staat om je dingen bij te brengen en je te troosten. Misschien is het de medicijnman in je, die weet hoe hij je met zijn sjamanistische methoden kan helen. Vader Hemel heeft betrekking op de rechterkant van het lichaam, die bestuurd wordt door de linker hersenhelft, de analytische kant van de hersens. De Kaart van Vader Hemel is de huidige uitdrukking van deze aspecten van jezelf.

Moeder Aarde heeft betrekking op de linkerkant van het lichaam, de vrouwelijke kant, die wordt bestuurd door de rechter hersenhelft, de intuïtieve kant van de hersens. De vrouwelijke, ontvankelijke kant van je aard stelt je in staat de manifestatie van leven toe te laten en te weten dat je goedheid kunt ontvangen door alle dingen hun tijd te geven. Je vrouwelijke kant bestaat uit godinne-energie, de anima, de moeder in je, de waarzegster en de tovenares, en het kleine meisje. De Kaart van Moeder Aarde vormt de koesterende kant van je aard, waar scheppende kracht ontstaat. Binnen het Grote Mysterie bestaat alles. Ideeën die werkelijkheid zullen worden en een stoffelijke vorm zullen krijgen, zijn allemaal zaadjes in de tijd/ruimte van de intuïtieve kant van je aard. Vrouwelijke energie kan geheimzinnig lijken omdat ze voortdurend nieuwe ideeën en levensvormen het licht doet zien; vandaar dat vrouwen als veranderlijk worden beschouwd. Deze kaart staat voor je scheppende aard en je vermogen om allerlei ideeën van het Grote Mysterie te ontvangen.

Er is eigenlijk geen sprake van een patroon leggen. Pak eenvoudigweg een kaart met je rechterhand en een kaart met je linkerhand. Houd de kaarten voor je en richt je aandacht op het evenwicht van je mannelijke zelf (rechts) en je vrouwelijke zelf (links). Tijdens het observeren van de verbinding of het gebrek aan verbinding tussen je mannelijke en je vrouwelijke kant, kan de energie ertussen in evenwicht worden gebracht. Het is ook mogelijk om de energie van je lichaam in evenwicht te brengen. In dat geval moet je de kaarten naast elkaar leggen of, als je ligt, tegen je voorhoofd gedrukt houden.

Je kunt een beroep doen op de kracht van de wezens uit het dierenrijk, één voor één, om je te helpen je mannelijke en vrouwelijke kant in evenwicht te brengen. Dit lukt alleen als je de stilte binnentreedt en de dieren de gelegenheid geeft tot je hart te spreken. Wellicht hoor je geen woorden, maar zie je beelden met je geestesoog. Het kan ook zijn dat je alleen maar je energie voelt bewegen terwijl deze in evenwicht komt. Al deze gewaarwordingen, en nog veel meer, zijn mogelijk. Allemaal zijn ze goed. Wat je ook voelt, ruikt, gewaarwordt, hoort of raadt, het is jouw manier om te begrijpen. Je bent bezig je intuïtieve gaven te ontwikkelen. Naarmate je leert om op je gevoelens te vertrouwen en te *weten*, zullen deze gaven almaar groeien en veranderen.

Opmerking van de redacteur: Vergeet niet de door jou oningevulde kaarten met een blanco schild uit het kaartspel te verwijderen voordat je een van de patronen gaat leggen.

Kaarten met de afbeelding ondersteboven

Telkens wanneer er in je patroon een kaart opduikt met de afbeelding ondersteboven, is dit een aanwijzing dat er gebrek aan evenwicht bestaat in de kracht van deze kaart. De positie van de kaart in het patroon kan je meer vertellen over de betekenis. Als je deze staat wilt helen, maar je begrijpt niet onmiddellijk hoe je het verstoorde evenwicht weer in orde moet krijgen en hoe je de harmonie moet herstellen, kies dan een andere kaart, en leg deze naast de eerder getrokken kaart. Als je bijvoorbeeld de kaart hebt getrokken waarop Coyote ondersteboven staat afgebeeld, de meest tegenstrijdige kaart in het hele spel, en je hebt er geen idee van wat deze kaart je te zeggen heeft, vraag dan de kaarten je te leiden bij het kiezen van een andere kaart. Leg deze naast de eerder getrokken kaart. Misschien heb je nu wel de kaart getrokken waarop Antilope ondersteboven afgebeeld staat. Dit zou betekenen dat het antwoord te maken heeft met onjuiste actie. Als je Stinkdier hebt getrokken, zou dit betekenen dat je aanwijzingen over je reputatie verkeerd interpreteert en dat je misschien tot onjuiste conclusies komt over wat anderen van je denken.

Nadat je deze methode hebt beproefd met alle ondersteboven liggende kaarten, zul je weten welke energie nodig is om bij elk aangegeven gebrek aan evenwicht de harmonie te herstellen.

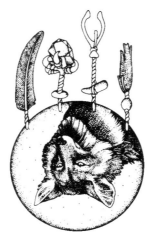

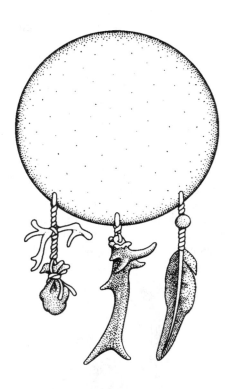

Kaarten met een blanco schild

In het spel kaarten met helende kracht zijn negen kaarten opgenomen waarop blanco schilden staan afgebeeld. Als je grote verwantschap voelt met een bepaald dier dat niet in het spel kaarten is opgenomen, zoals een krokodil, flamingo, wasbeer of gems, raden we je aan de naam van dit dier in de cirkel van een van deze schilden te schrijven. De geschreven naam verbindt de kaart met de geest van het dier via het trillingsprincipe, of vibratie. Wat je nog beter kunt doen, is een plaatje van je speciale dier binnen de grenzen van de cirkel van het schild plakken. Je kunt deze medicijnkaart (of -kaarten) dan aan het spel kaarten toevoegen, of als talisman dragen.

Dezelfde methode kun je gebruiken om een Zelfschild te maken. Deze kaart kun je aan het spel kaarten toevoegen. Je kunt deze kaart ook apart houden om als de Kaart van de Heilige Berg te gebruiken of als de middelste kaart in een patroon, om zo je energie te benoemen. Gebruik je artistieke talent. Maak met behulp van plaatjes een collage van dat wat je in het leven graag wilt hebben. Draag deze kaart bij je, bij voorkeur op of bij je hart. Ga met deze Zelfkaart of collagekaart op je persoonlijk altaar aan het werk.

Gebruik de negen blanco kaarten voor je negen totemdieren. Leg ze in de negen richtingen of maak er een totempaal van. Maak schilden voor alle leden van je familie. Maak schilden voor plaatsen met kracht of plaatsen die in jouw leven een bepaalde betekenis hebben. Misschien heb je zin om op vakantie te gaan. Plak een plaatje van de Eiffeltoren binnen de grenzen van een schild. Doe dan een beroep op de krachten van de dieren in de vier richtingen en vraag hun hulp bij de manifestatie van wat je wilt. Je kunt hetzelfde doen voor een auto, of een huis, of wat het dan ook is dat je graag wilt hebben. Wat je echter nooit mag doen als je deze kaarten gebruikt om je hartewens te verwezenlijken of om een andere werkelijkheid voor jezelf of een ander te scheppen, is aanspraak maken op iemand die getrouwd is of op iets dat aan een ander toebehoort. Je mag iets wensen dat erop lijkt, of eraan werken iets te krijgen dat erop lijkt, maar je mag nooit precies hetzelfde wensen als dat wat aan een ander toebehoort. Probeer niet de wet van oorzaak en gevolg te doorbreken. Deze kaarten zijn niet bedoeld voor mensen die erop uit zijn de schepping van een ander te vernietigen.

De blanco schilden kunnen ook worden gebruikt om een Bondgenootkaart te maken. Als je sjamanistisch werk doet en je hebt je Bondgenoot op andere bewustzijnsniveaus ontmoet, kun je een Bondgenootkaart maken voor eigen gebruik. Onder een Bondgenoot wordt verstaan elke speciale verwantschap die je hebt met de Wezens uit het Dierenrijk, de Stenen Mensen, de Sternatie, de Gevinden, de Kruipers, de Staande Mensen (de bomen) of welk ander levend ding in de natuur dan ook. Een Bondgenoot is je leraar en je beschermer, een wezen dat de lessen van de stoffelijke en de onstoffelijke wereld overbrengt. Vele Bondgenoten kunnen komen en gaan in je leven.

Zoals je ziet, kunnen de blanco schilden op vele manieren gebruikt worden. Als je met de energie van een god of godin werkt, kun je een kaart maken voor deze god of godin. Deze kaart kun je dan in het spel laten of als talisman dragen. Gebruik je creativiteit en talent. Mediteer op het blanco schild en kijk eens wat er in je opkomt. Je zult verbaasd staan. Het blanco schild heeft misschien wel dezelfde uitwerking als de Grote Rokende Spiegel, en weerspiegelt je innerlijke wensen, doelen, dromen, kracht of persoonlijkheid. Soms zal de leegte van het blanco schild een visioen teweegbrengen van hetgeen er onder de oppervlakte van het bewuste ligt. Geniet al doende van de reis naar de leegte, dan zul je de blanco schilden met zuivere creativiteit vullen.

Medicijnkaarten

Adelaar...
   Vlieg hoog,
      raak Grote Geest aan.

Deel je kracht,
   raak me aan, eer me,
      opdat ik je ook kan leren kennen.

I

Adelaar

De kracht van Adelaar is de kracht van de Grote Geest, de
verbinding met het Goddelijke. Het is het vermogen om in het
geestesrijk te leven en toch evenwichtig verbonden te blijven met
het rijk van Aarde. Adelaar vliegt op grote hoogte, en ziet snel de
uitgestrektheid van het totale levenspatroon. Vanaf de hoge wolken
is het voor Adelaar niet ver meer naar de hemelen waar de Grote
Geest woont.

Van alle helende hulpmiddelen zijn de veren van Adelaar de
heiligste. Eeuwenlang hebben sjamanen de veren van Adelaar
gebruikt om de aura's schoon te vegen van patiënten die bij hen
heling zochten. In de geloofsopvattingen van inheemse
Amerikaanse stammen vertegenwoordigt Adelaar een staat van
genade die wordt bereikt door hard werken, begrip, en volbrenging
van de proeven die tijdens de inwijding moeten worden afgelegd.
Daarna is iemand in staat zijn persoonlijke kracht te aanvaarden.
Het recht om het wezen van de kracht van Adelaar te gebruiken,
wordt pas verworven nadat iemand zowel de dieptepunten als de
hoogtepunten van het leven heeft ervaren, en nadat hij of zij is
gaan vertrouwen op zijn of haar verbondenheid met de Grote
Geest.

Als je dit symbool hebt getrokken, waarschuwt Adelaar je dat je
je moet vermannen en moed moet vatten. Het universum biedt je
de gelegenheid om boven het alledaagse niveau van je leven uit te
stijgen. Misschien moet je een spirituele test afleggen voordat je
deze gelegenheid kunt herkennen. Als je slim bent, herken je
misschien de plaatsen in je ziel, persoonlijkheid, emoties of psyche
die versterking of verfijning behoeven. Doordat Adelaar het geheel
overziet, kan hij je aansporen om je opvatting over het zelf te
verruimen voorbij de horizon van wat nu zichtbaar is.

Wanneer je leert om je angst voor het onbekende met kracht te
lijf te gaan, zullen de vleugels van je ziel zich kunnen uitslaan in de
altijd aanwezige bries, die de adem van de Grote Geest is.

Het is belangrijk dat je je lichaam van voedsel voorziet, maar het is nog belangrijker dat je je geest voedt. Om in het rijk van Moeder Aarde en Vader Hemel de dans te leren die tot vliegen leidt, zul je angsten moeten overwinnen en bereid zijn mee te doen aan het avontuur dat je samen met het Goddelijke schept.

Als Adelaar een duikvlucht in je medicijnkaarten heeft genomen, word je gewaarschuwd dat je de verbinding met het element lucht moet hernieuwen. Lucht heeft te maken met het mentale vlak, en op dit moment heeft lucht van doen met de hogere geest. Wijsheid is er in vele vreemde en merkwaardige vormen; zij houdt altijd verband met de scheppende kracht van de Grote Geest.

Als je in de schaduwen van vroegere werkelijkheden hebt gelopen, brengt Adelaar verlichting. Adelaar leert je om hoger in de lucht te kijken en om Grootvader Zon met je hart aan te raken, om zowel schaduw als licht lief te hebben. Zie de schoonheid van beide, dan zul je opstijgen als de Adelaar.

De kracht van Adelaar is het geschenk dat we onszelf geven wanneer we onszelf herinneren aan de vrijheid van de lucht. Adelaar vraagt je om jezelf toestemming te geven vrijheid te zien als iets dat je toekomt. Adelaar vraagt je om de vreugde na te jagen waarnaar je hart verlangt.

ONDERSTEBOVEN:

Als Adelaar ondersteboven ligt, ben je je kracht en je verbondenheid met de Grote Geest vergeten. Je hebt misschien verzuimd te erkennen dat het licht altijd beschikbaar is voor hen die verlichting zoeken. Heel je gebroken vleugels met liefde. De les van ondersteboven hangende Adelaar is dat je van jezelf moet houden zoals de Grote Geest van je houdt. Op een bepaald niveau vertelt Adelaar je dat je hogerop moet zoeken naar een plaats om je nest te bouwen. Het nest is het thuis van het hart; een moeras is er geen goede plaats voor. Als je nest in een moeras ligt, kan dit samenhangen met je opvatting dat je gekortwiekt bent door onmogelijke omstandigheden.

Het nest van Adelaar ligt hoog in de bergen, waar de lucht schoon is en waar beweging vrij is. Misschien is het tijd dat je een Roep om een Visioen uit, teneinde met de Grote Geest in contact te komen. Vasten en bidden zal zeker uitsluitsel bieden. Ga op zoek naar hoge idealen, dan zal verlichting dichtbij zijn.

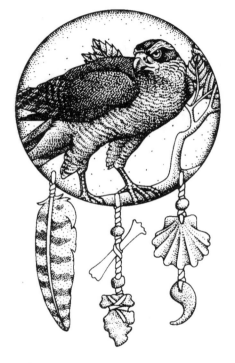

Havik...
Boodschapper van de lucht,
omcirkel mijn dromen en breng me
de boodschap tijdens onze vlucht.

2
Havik

Havik is verwant aan Mercurius, de boodschapper van de goden.
De kracht van Havik leert je opmerkzaam te zijn, naar je omgeving
te kijken. Observeer het doodgewone in alles wat je doet. Het
leven geeft je tekenen.

Het leven *is* de inwijding. Als je de Havikkaart hebt getrokken,
dan krijg je op dit moment een aanwijzing over de magie van het
leven. Deze magie kan je vervullen van de kracht om een situatie te
boven te komen die je nu moeilijk vindt of die nu spanning
oplevert. De toetssteen is je vermogen om de nuances waar te
nemen van kracht die zich dichtbij schuilhoudt. Is kracht het
talent waarover je beschikt, maar waar je geen gebruik van maakt?
Vind je het altijd moeilijk om oplossingen te vinden omdat je de
bredere visie van Havik bent kwijtgeraakt? Of stalt de Grote Geest
een geschenk uit dat je slechts hoeft aan te nemen? Hebben de
kleuren van de ochtend je tot scheppen geïnspireerd? Of heeft de
somberheid van een huidige situatie je zo terneergedrukt, dat je
niet meer in staat bent de stem te horen van de regendruppels die
tegen je raam spatten? Let op! Je bent slechts zo krachtig als je
vermogen om waar te nemen, te ontvangen en je mogelijkheden te
benutten.

Waar hier een beroep op wordt gedaan, is een intuïtieve
vaardigheid om de boodschap in de roep van Havik te bespeuren.
Het snerpende van Haviks roep dringt door tot de staat van
onbewustzijn waarin je je bevindt en vraagt je naar de waarheid op
zoek te gaan.

De Ouden herkenden deze magnifieke roofvogel als een
boodschapper die berichten overbracht naar hun Pad op Aarde, de
Goede Rode Weg, uit de wereld van de grootvaders en de
grootmoeders die voor hen leefden. Als Havik zijn magische roep
liet horen, was dat een teken om op te passen of om gewaar te zijn.
Het kon de komst betekenen van een oorlogszuchtige stam, maar
ook de geboorte van een kind aankondigen. De roep van Havik gaf
aan dat de waarnemer zijn wakkerheid moest vergroten om een

boodschap te ontvangen.

De kracht van Havik bestaat voor een groot gedeelte uit verantwoordelijkheidsgevoel. Havikmensen hebben namelijk overzicht, zien het geheel. Havik lijkt niet op Muis, die alles door een vergrootglas ziet. Mensen met de kracht van Havik zijn zich bewust van voortekenen, van boodschappen van de geest, en van de kleur van het visitekaartje dat je hun drie maanden geleden gaf. Niets ontsnapt aan hun aandacht.

Als Havik boven je kaarten rondjes heeft gevlogen en erin is geland, dien je je bewust te worden van de tekenen in je leven; neem deze tekenen waar en aanvaard hen. Havik zou je kunnen leren dat je met beide handen een toekomstige gelegenheid moet aangrijpen. Havik zou je echter ook de boodschap kunnen brengen dat je je leven van bovenaf dient te bekijken, vanuit een hoger perspectief. Vanaf deze gunstige positie ben je misschien in staat om de toevalligheden te onderscheiden die je afhouden van de vrijheid om te vliegen. Denk eraan: Havik heeft een scherp oog en een moedig hart, want Havik vliegt dicht bij het licht van Grootvader Zon.

ONDERSTEBOVEN:

Als je de Havikkaart hebt getrokken met de afbeelding ondersteboven, kan het zijn dat je je observatievermogens op een zeker niveau niet ten volle hebt benut. Als er in je leven iets is dat te pijnlijk is geworden om te voelen, te ongelooflijk om te horen, of te duister om te zien, is het tijd om eens na te gaan wanneer je ervoor hebt gekozen emotioneel betrokken te raken en niet langer waarnemer te zijn. Wanneer je je emoties toestaat om je waarnemingen te overheersen, kan de boodschap van Havik niet doordringen tot de chaos en verwarring. Van jou wordt nu gevraagd de neutrale positie in te nemen van de eerlijke waarnemer, die ervoor zorgt dat de boodschap intuïtief en duidelijk wordt begrepen, zonder dat emoties haar werkelijke betekenis kleuren.

Wanneer mensen met de kracht van Havik uit hun evenwicht zijn, zijn zij geneigd hun emoties toe te staan hun waarnemingen te kleuren. Hun emoties belemmeren dan hun uitzicht en leiden tot een noodlanding. Het ego kan Havik kortwieken en hem aan de grond houden. Het is ook zo, dat als Havik gelooft dat anderen minder waarnemen (anderen zijn dan degenen die niet op dezelfde manier kunnen vliegen als hij), de gevleugelde boodschapper zijn eigen kracht niet heeft begrepen.

De vrijheid om te vliegen is een voorrecht, en een boodschapper zijn een eer. De verantwoordelijkheid om de boodschap af te leveren, ligt bij jou. Vlieg, en leg het teken niet op je eigen manier uit. Laat de ontvanger bepalen wat de boodschap betekent. Je zou de waarheid alleen maar verdraaien, tenzij de boodschap uitdrukkelijk voor jou verzonden was.

Havik in de omgekeerde positie leert je:

1) Open te staan voor je observatievermogens.
2) Te vermijden anderen te vertellen hoe zij moeten denken of hoe zij zich moeten gedragen.
3) Eerst eens te kijken naar je emotionele bagage voordat je tekenen, visioenen of boodschappen gaat ontvangen.
4) Eraan te denken dat alle gaven gelijk zijn in de ogen van de Grote Geest.

Wapitihert...
    Je gewei reikt naar de zon.

Laat me zien dat kracht en uithoudingsvermogen
    stammen uit één bron.

3
Wapitihert

Wapitihert zwierf door het woud, op zoek naar een partner. De paartijd was in volle gang. De jonge mannetjesherten, die anders met de andere mannetjesherten samen waren, hadden zich in het woud verspreid om wijfjes te vinden. Wapitihert liet zijn bronstroep door het woud schallen en maakte Bergleeuw er op deze manier op attent dat er voor hem een feestmaal in petto zou kunnen zijn.

Bergleeuw maakte omtrekkende bewegingen rondom Wapitihert. Hij kwam steeds dichter bij zijn prooi. Wapitihert voelde het dreigende gevaar op het moment dat het woud plotseling stil werd. Toen hij zijn achtervolger in de gaten kreeg, rende hij in de richting van het hoogland. Gelukkig lag Bergleeuw ver achter. Wapitihert rende met grote sprongen naar de boomgrens. Bergleeuw haalde hem een beetje in, maar Wapitihert bleef rennen, waarbij hij een enorm uithoudingsvermogen ten toon spreidde. Ten slotte gaf Bergleeuw het op, hij had geen energie meer. Alles had hij verbruikt toen hij met krachtige sprongen Wapitihert probeerde te bereiken. Wapitihert hield een regelmatige gang aan die hem goed vooruit bracht in de richting van de hemel en het hoogland. Wapitihert had als enige verdediging tegen Bergleeuw dit vermogen om de benodigde afstand af te leggen in een tempo dat hem in staat stelde zijn uithoudingsvermogen en energie ten volle te benutten.

De kracht van Wapitihert leert je, dat je uithoudingsvermogen toeneemt wanneer je je eigen tempo aanhoudt. Mensen met de kracht van Wapitihert zullen wellicht niet als eersten een doel bereiken, ze zullen het echter wel bereiken zonder opgebrand te raken. Als je de laatste tijd te veel hooi op je vork hebt genomen, zou het een goed idee kunnen zijn om eens te kijken hoe je van plan bent af te maken wat je bent begonnen zonder in het ziekenhuis terecht te komen.

Wapitiherten hebben een merkwaardig soort krijgersenergie.

Behalve in de paartijd verkeren zij namelijk graag in gezelschap van hun eigen geslacht. Zij kunnen een beroep doen op de kracht van broeder- of zusterschap. Terwijl je de kracht ontdekt die je verwerft wanneer je van mensen van je eigen geslacht houdt, zul je de kameraadschap voelen die voortkomt uit overeenkomstige ervaringen. Door deze speciale kracht zal vriendschap sterker zijn dan eventuele concurrentie of jaloezie.

Als je de kracht van de Wapitihertkaart hebt uitgekozen, zou je je ervan bewust kunnen zijn dat je het gezelschap van je eigen geslacht maar eens een tijdje moest opzoeken. Misschien heb je behoefte aan een zelfhulpgroep om jezelf weer te richten op het uithoudingsvermogen van de krijgersenergie waarvan je deel uitmaakt. Wanneer je met mensen van je eigen geslacht praat, kun je veilig je gevoelens uiten. Bovendien krijg je feedback van anderen met dezelfde ervaringen. Misschien heb je behoefte aan een nieuw besef van gemeenschappelijkheid, van communicatie in eenheid.

Wapitihert zou je ook kunnen vertellen om eens te kijken naar de manier waarop je spanningen in je leven lichamelijk doorstaat. Wapitihert adviseert je misschien je eigen tempo aan te houden, zodat je je energie gelijkelijk kunt verdelen over de afstand die je wilt afleggen. Vitaminen zouden uitkomst kunnen bieden, of voedsel dat veel energie levert. Neem in elk geval wat tijd en stilte voor jezelf, zodat je je weer kunt opladen.

ONDERSTEBOVEN:
Als Wapitihert ondersteboven is verschenen, zou het elastiek weleens op knappen kunnen staan. Hoed je voor te hoge spanningsniveaus, anders creëer je nog een ziekte waardoor je wel gedwongen wordt een tijdje rust te nemen.

Op een ander niveau geef je misschien niet toe aan je wens om met leden van de andere sekse om te gaan. Misschien ben je de opwinding van de paartijd wel vergeten. Als dit het geval is, zou je wat vrienden van de andere sekse kunnen uitnodigen om te komen eten of om een uitstapje met je te maken. Daarvoor hoef je geen seksuele belangstelling voor die vrienden te hebben, het gaat er meer om dat de uitwisseling van tegengestelde energie iets zou kunnen opleveren.

Als je een vaste relatie hebt, zouden de wittebroodsweken weleens voorbij kunnen zijn en zou je behoefte kunnen hebben aan wat meer opwinding. Om een relatie te laten voortbestaan, is 'verandering van tempo' onontbeerlijk.

In alle gevallen vertelt Wapitihert je te kijken naar de manier waarop je verkiest je huidige weg te gaan en naar je plannen om erop voort te gaan om je doel te bereiken. Je beste wapen is hetzelfde als dat van Wapitihert: stoppen wanneer het nodig is, doorgaan wanneer het nodig is en ruimte nemen voor verandering en uitwisseling van energie.

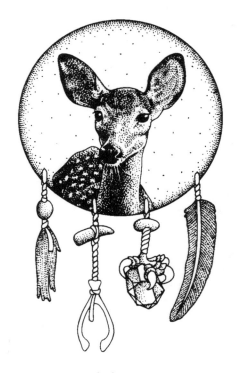

Hert... zo lief
en zacht ben je.

De bloem van goedheid,
een omhelzing van verre.

4
Hert

Op een dag hoorde Jong Hert dat Grote Geest hem riep vanaf de
top van Heilige Berg. Jong Hert ging onmiddellijk op pad. Het wist
niet dat een verschrikkelijke demon de weg naar de woonplaats
van Grote Geest bewaakte. De demon probeerde alle wezens van
de schepping weg te houden bij Grote Geest. Hij wilde dat alle
schepselen zouden denken dat Grote Geest met rust gelaten wilde
worden. Daardoor zou de demon zich machtig voelen; hij zou in
staat zijn om alle schepselen angst in te boezemen.

Jong Hert was helemaal niet bang toen het op de demon stuitte.
Dit was merkwaardig. De demon was het archetype van alle
afstotende monsters die er ooit bestaan hebben. De demon ademde
vuur en rook uit en maakte walgelijke geluiden om Jong Hert bang
te maken. Elk normaal wezen zou gevlucht zijn of ter plekke dood
zijn gebleven van angst.

Jong Hert echter zei vriendelijk tegen de demon: 'Laat me er
alstublieft door. Ik ben op weg naar Grote Geest.'

De ogen van Jong Hert waren vol liefde en mededogen voor deze
uit zijn krachten gegroeide bullebak van een demon. De demon
was verbijsterd door het gebrek aan angst van Jong Hert. Hoe hij
zijn best ook deed, hij kon Jong Hert niet bang maken, omdat de
liefde van Jong Hert tot zijn gepantserde, lelijke hart was
doorgedrongen.

Tot groot ongenoegen van de demon begon zijn steenharde hart
te smelten, en zijn lichaam kromp tot het formaat van een walnoot.
De volhardende liefde en zachtheid van Jong Hert hadden de
demon doen smelten. Dank zij deze zachtheid en zorgzaamheid,
belichaamd door Jong Hert, is de weg nu vrij voor alle kinderen
van Grote Geest om Heilige Berg te bereiken zonder dat hun weg
geblokkeerd wordt door de demonen van angst.

Hert leert ons de kracht van zachtheid te gebruiken om de harten
en geesten te raken van gewonde wezens die proberen ons weg te
houden van Heilige Berg. Om zachtheid en veiligheid te scheppen

voor hen die vrede zoeken, dienen zowel het licht als het duister, gesymboliseerd door de lichte en donkere vlekken op de huid van Jong Hert, bemind te worden.

Als Hert zijn zachte neus vandaag in je kaarten heeft gestoken, wordt van je gevraagd de zachtheid van geest te vinden die alle wonden heelt. Houd ermee op anderen te willen veranderen en bemin hen zoals ze zijn. Pas zachtheid toe op je huidige situatie, en word als een zomers briesje: warm en zorgzaam. Dit is het gereedschap dat je wordt aangereikt om uit het dilemma te komen waarin je momenteel verkeert. Als je het gebruikt, zul je contact maken met Heilige Berg, je centrum van sereniteit, en Grote Geest zal je leiden.

ONDERSTEBOVEN:

Hert in de omgekeerde positie duidt erop dat je je angst versterkt door de innerlijke demonen van negatieve ideeën te bevechten. Dit is een aanwijzing voor je dat geweld niet altijd de beste methode is. Misschien ben je niet bereid om genoeg van jezelf te houden om je angsten te voelen en deze los te laten. Misschien projecteer je je angsten op anderen. Het kan ook zijn, dat je anderen vreest omdat ze je herinneren aan een periode waarin je op ongeveer dezelfde manier op het leven reageerde. Hoe dan ook, liefde is de sleutel. Het enige waardoor kracht waarlijk in evenwicht wordt gehouden, is de liefde en het mededogen van Hert. Wees bereid om van jezelf en van anderen te houden, dan zullen je demonen wegsmelten. Je angsten kunnen niet dezelfde plek bewonen als liefde en zachtheid.

Denk eraan, Jong Hert heeft je vele lessen te leren over onvoorwaardelijke liefde. In haar zuivere vorm is onvoorwaardelijke liefde vrij van binding. De zachtheid van Jong Hert is de grootheid van hart van Grote Geest, dat wil zeggen Zijn/Haar liefde voor ons allemaal.

Beer...
   Vraag me bij je
      in je hol.

De stilte is er vol
   van de antwoorden die je gaf.

5
Beer

De kracht van Beer is de kracht van introspectie. Je vindt deze
kracht in het Westen op het grote Medicijnwiel van het leven. Beer
zoekt honing, of de zoete smaak van de waarheid, in een oude
holle boom. 's Winters, wanneer de IJskoningin regeert en de Aarde
het gezicht van de dood vertoont, gaat Beer het baarmoederhol in
om zijn winterslaap te houden, om de ervaringen van een jaar te
verwerken. Er wordt wel beweerd dat onze doelen ook in het
Westen liggen. Om de doelen en dromen die we met ons
meedragen te verwezenlijken, dienen we ons van tijd tot tijd aan
introspectie over te geven.

Om als Beer te worden en de veiligheid van het baarmoederhol
binnen te gaan, moeten we ons afstemmen op de energie van de
Eeuwige Moeder, en voeding ontvangen vanuit de placenta van de
Grote Leegte.

De Grote Leegte is de plaats waar alle oplossingen en antwoorden
in harmonie leven met de vragen waarvan onze werkelijkheden
zijn vervuld. Als we ervoor kiezen te geloven dat er vele vragen
bestaan omtrent het leven, moeten we ook geloven dat de
antwoorden op deze vragen in onszelf te vinden zijn. Elk wezen
beschikt over de vaardigheid om de geest tot bedaren te brengen,
de stilte binnen te gaan en te *weten*.

Vele stammen hebben deze ruimte van innerlijk weten het Huis
van de Droom genoemd, waar de dood van de illusie van tastbare
werkelijkheid de uitgestrektheid van eeuwigheid bekleedt. In dit
Huis van de Droom zijn onze voorouders in vergadering bijeen;
vandaar raden ze ons alternatieve wegen aan die naar onze doelen
leiden. Dit is de kracht van Beer.

Deze zeer speciale Beerenergie omvat de vrouwelijke
ontvankelijke energie die eeuwenlang zieners, mystici en sjamanen
in staat heeft gesteld te profeteren. In India is het hol het symbool
voor het hol van Brahma. Als Brahma's hol wordt de pijnappelklier
beschouwd; deze bevindt zich in het centrum van de vier
hersenkwabben.

Als je je een overzicht van het hoofd voorstelt, zou de bovenkant ervan een cirkel zijn. Het Zuiden zou het voorhoofd zijn, het Noorden de achterkant van de schedel, het Westen de rechter hersenhelft, en het Oosten de linker hersenhelft.

Beer bevindt zich in het Westen, de kant van de intuïtie, de rechter hersenhelft.

Om aan zijn winterslaap te beginnen, reist Beer naar het hol, het centrum van de vier hersenkwabben waar de pijnappelklier zich bevindt. Terwijl Beer in het hol droomt of slaapt, zoekt hij/zij antwoorden. Beer voelt zich vervolgens in de lente als herboren; als een lentebloem opent hij/zij zich.

Gedurende eons hebben alle zoekers naar de Droomtijd en naar visioenen het pad van stilte bewandeld. Zij hebben het innerlijk gebabbel stopgezet en de plaats bereikt vanwaar hoger bewustzijn mogelijk wordt – het kanaal of de pijnappelklier. Vanuit het hol van Beer vind je de weg naar het Huis van de Droom en de andere niveaus van verbeeldingskracht of bewustzijn. Dat je Beer hebt gekozen, betekent dat de kracht van weten je heeft uitgenodigd om de stilte binnen te gaan en kennis te maken met het Huis van de Droom. Je doelen kunnen nu tastbare werkelijkheid worden. Dit is de kracht van Beer.

ONDERSTEBOVEN:
Als je Beer in de omgekeerde positie hebt getrokken, heeft je innerlijke dialoog misschien je waarneming van je ware doelen vertroebeld. Je hebt wellicht antwoorden en raad bij anderen gezocht en je eigen gevoelens en intelligentie opzij gezet. De tijd is rijp om de touwtjes weer in handen te nemen. Niemand weet beter dan jij wat goed is en van pas komt voor jouw ontplooiing. Eis de kracht van weten weer op. Vind vreugde in de stilte en rijkdom van de baarmoeder. Laat de verwarrende gedachten tot rust komen, terwijl helderheid opdoemt vanuit het Westen en je dromen voedt zoals Moeder Aarde ons allen voedt.

Beer in de omgekeerde positie leert je dat je uitsluitend je ware doelen kunt bereiken door je eigen raadgever te zijn. Als je niet doet wat jou de meeste vreugde geeft, verloochen je jezelf. Om geluk te ervaren, moet je jezelf kennen. Jezelf kennen, wil zeggen je lichaam, ziel en geest kennen.

Gebruik je kracht om je zwakheden te boven te komen en houd voor ogen dat beide nodig zijn om te groeien.

Reis met Beer naar de kalmte van je hol en overwinter in stilte.

Droom je dromen en zie de waarheid ervan in. Dan zul je kracht hebben en gereed zijn om de honing te ontdekken die in de Boom des Levens wacht.

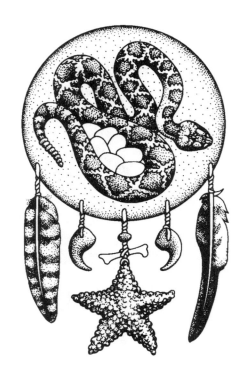

Slang... kom naderbij,
er is vuur in je ogen.
Raak mij, bijt mij,
want ik wil voelen
hoe omgezet vergif
leidt tot een eeuwige vlam.
Maak me open voor de hemel,
waaruit heling kwam.

6
Slang

Mensen met de kracht van Slang zijn zeer zeldzaam. Om ingewijd
te raken moeten zij veelsoortige slangebeten ervaren en doorstaan.
Dit stelt hen in staat alle vergiften, of deze nu mentaal, lichamelijk,
spiritueel of emotioneel van aard zijn, om te zetten in iets hogers.
De kracht van Slang is de kracht van schepping. Deze kracht
omvat seksualiteit, psychische energie, alchemie, voortplanting en
onsterfelijkheid.

Slang werpt zijn huid af, symbool voor de transmutatie die
plaatsvindt in de cyclus van leven-dood-wedergeboorte. Het gaat
om de energie van heelheid en kosmisch bewustzijn, en om het
vermogen alles gewillig en zonder weerstand te ervaren. De kracht
van Slang is de kennis dat alle dingen in aanleg gelijk zijn, dat de
dingen die als vergif kunnen worden ervaren, gegeten kunnen
worden, opgenomen, geïntegreerd en omgezet in iets hogers als
men de juiste staat van geest bezit. Thoth, de inwoner van Atlantis
die later terugkeerde als Hermes en die de vader van de alchemie
was, introduceerde de symboliek van twee om een zwaard
dooreengestrengelde slangen, die heling uitdrukt. Volledig begrip
en volledige aanvaarding van het mannelijke en het vrouwelijke in
elk organisme bewerkstelligt dat beide in elkaar opgaan, waarbij
goddelijke energie vrijkomt.

Deze kracht leert je op het persoonlijk vlak dat je een universeel
wezen bent. Als je alle aspecten van je leven aanvaardt, kun je de
omzetting van de vuurkracht realiseren. Op stoffelijk niveau schept
deze vuurenergie hartstocht, verlangen, voortplanting en
lichamelijke vitaliteit. Op emotioneel niveau wordt zij ambitie,
schepping, vastberadenheid en dromen. Op mentaal niveau wordt
zij intellect, kracht, charisma en leiderschap. Wanneer de energie
van Slang het spiritueel niveau bereikt, wordt zij wijsheid, begrip,
heelheid en verbondenheid met de Grote Geest. Als je dit symbool
hebt gekozen, bestaat er bij jou behoefte om een gedachte,
handeling of wens om te zetten, teneinde heelheid te bereiken. Dit
is krachtige magie, maar let wel, magie is niets anders dan een

verandering in bewustzijn. Word de tovenaar of de tovenares: zet de energie om en aanvaard de kracht van het vuur.

ONDERSTEBOVEN:

Als dit symbool ondersteboven ligt, heb je er wellicht voor gekozen je vermogen om te veranderen toe te dekken. Kijk eens naar het idee dat je bang bent om je huidige toestand te veranderen omdat dit de overgang naar ongemak zou kunnen betekenen. Weerhoudt de angst voor dit ongemak je ervan het gezichtspunt van de tovenaar in je in te nemen? Is het oude patroon veilig, betrouwbaar en een sleur? Word Slang om uit deze plaats te glijden die veilig maar onproduktief is geworden! Laat de buitenste laag van je huidige identiteit los. Beweeg door de droomachtige illusie die behoefte had aan statische continuïteit, en vind een nieuw ritme terwijl je lichaam over het zand van bewustzijn glijdt als een rivier die kronkelend haar weg naar open zee vindt. Dompel jezelf onder in dit water en weet dat de druppel die je voorstelt, wordt aanvaard door het geheel.

Voel het ritme van Slang, dan zul je vrijelijk dansen. Neem in je sensuele dans van kracht de transmuterende krachten van het universum op.

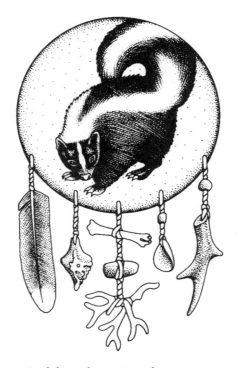

Stinkdier... leer mij goed
hoe ik iemand kan aantrekken
of juist afstoten moet.

7
Stinkdier

De kracht van Stinkdier! Toe maar, lach maar. Dit in bont geklede diertje heeft een reputatie die heel wat kracht bevat. Mensen blijven dit kleine, stinkende schepsel uit de weg vanwege zijn kenmerkend gedrag. Het sleutelwoord is hier *respect*.

Andere roofdieren bedreigen je leven, Stinkdier bedreigt je zintuigen. Als je ooit in de nabijheid van zijn sproeisel bent geweest, weet je dat dit waar is. Wanneer je de gedragspatronen van Stinkdier observeert, valt zijn speelsheid en nonchalance op. In zijn houding straalt dit diertje uit: 'Waag het eens!' Als waarnemer respecteer je zijn ruimte alleen al op grond van zijn reputatie.

Stinkdier leert je dat wanneer je wat je zegt en wat je doet met elkaar in overeenstemming brengt en je jezelf respecteert, je een positie voor jezelf zult creëren van kracht en erkende reputatie. Je lichaamshouding maakt anderen duidelijk wat je ideeën over jezelf zijn. Wanneer je zelfgevoel intact is, hoef je andere wezens niet te tiranniseren, te ergeren, te kwellen of te overweldigen. Net zoals bij Stinkdier het geval is, wordt het resonerende energieveld rondom je lichaam overgebracht via de zintuigen. Als je gevoel van eigenwaarde bezit, raakt de energie van het lichaam hiervan doortrokken, hetgeen ogenblikkelijk door anderen erkend wordt op een buitenzintuiglijk niveau.

Leer om op assertieve manier, zonder arrogantie, jezelf te zijn. Respect roept respect op. Je houding van zelfrespect zal mensen afstoten die niet gelijkgestemd zijn en tegelijkertijd mensen aantrekken die voor dezelfde weg hebben gekozen. Zoals de stank van Stinkdier soortgenoten aantrekt, stoot hij degenen af die zijn ruimte niet willen respecteren.

Mensen met de kracht van Stinkdier hebben het vermogen anderen aan te trekken en zijn zeer charismatisch. De andere kant van hun natuurlijke kracht stelt hen evenwel in staat mensen af te stoten die energie van hen willen nemen zonder de geschenken die ze hebben genomen weer in de kringloop te brengen.

Mensen met de kracht van Stinkdier weten ook hoe ze de energiestromen moeten aanwenden die een minnaar zullen aantrekken. Sommigen noemen dit seksuele magie. Het heeft wel iets weg van de muskusgeur die dieren uitscheiden om een partner aan te trekken. Het kan gevaarlijk zijn om seksuele energie te laten doorsijpelen als je niet op zoek bent naar een partner. Je speelt dan spelletjes die je ego kunnen vergroten, maar zeker niet de achting van anderen voor jou. Als je anderen aantrekt die in jou geïnteresseerd zijn, zeg je in feite: 'Ik ben beschikbaar.' Als de waarheid dan aan het licht komt, kan dat nare gevoelens bij de anderen teweegbrengen. Bovendien kost het energie die je op opbouwender wijze had kunnen gebruiken.

Volgens de kracht van Stinkdier is het goed om te leren hoe je met energiestromen omgaat. Moderne psychologen noemen dit lichaamstaal. In Indiaanse leringen is het je persoonlijke kracht die je aan anderen laat zien. Gebruik je kracht goed, en weet dat je reputatie je vooruitsnelt. De manier waarop je je energie gebruikt, zal je eer of schande opleveren. Misschien wil je wel onderzoeken welk soort energie je hebt uitgestraald om in je huidige situatie verzeild te zijn geraakt.

Als je dit symbool hebt gekozen, wordt van je gevraagd eens te kijken naar het soort mensen dat zich tot je aangetrokken voelt. Hebben ze gunstige eigenschappen, hebben ze genoeg gevoel van eigenwaarde om deze eigenschappen in jou te herkennen? Loop fier rechtop en wees trots op wat je hebt bereikt. Houd in gedachten dat je geloof in jezelf je uiteindelijke bescherming vormt. Projecteer zelfrespect!

ONDERSTEBOVEN:

De kracht van Stinkdier die zich via de tegengestelde of omgekeerde positie uit, laat je weten dat je gevoel van eigenwaarde op anderen als onecht kan overkomen. Kijk eens of je anderen in je nabijheid afstoot vanwege afgunst of jaloezie, of omdat ze *hun* lage gevoel van eigenwaarde op jou projecteren. Onderwerp je gevoelens aan een onderzoek. Wees eerlijk tegenover jezelf. Breng de situatie in het reine door de houding van Stinkdier aan te nemen: nonchalance. Nonchalance neutraliseert het effect van doorgesijpelde energie.

Als je levensenergie laat wegsijpelen, kun je de atmosfeer van je omgeving verpesten. Dit komt op hetzelfde neer als al je ellende vertellen aan de eerste de beste die wil luisteren. Als je dit doet, zou het weleens tijd kunnen zijn om je mond te houden en je naar binnen te richten. Het kan ook zijn dat je seksuele energie laat doorsijpelen en daardoor het object van je belangstelling afstoot. Deze persoon zou te verlegen kunnen zijn om je te vertellen om hem of haar met rust te laten. Kijk grondig naar het beeld dat je van jezelf hebt en naar de manier waarop anderen hierop reageren.

Om de oorzaken en gevolgen van je handelingen en energiestromen in evenwicht te brengen, moet je besluiten of je wel of niet in de richting van anderen moet sproeien om hun afgunst, hebzucht, jaloezie of al te verliefde neigingen af te weren. Aan de andere kant moet je altijd je 'recht om te zijn' handhaven. Zelfrespect is het sleutelwoord in al deze situaties, ego daarentegen is slechts wat je van jezelf vindt dat je bent.

Stinkdier zegt: 'Als je ego niet je vriend is, weet je dat er een luchtje aan zit.'

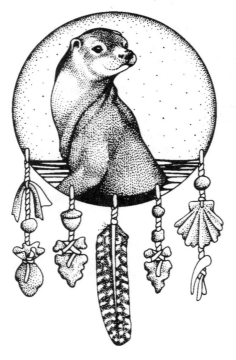

Otter...
Zo speels!
Coquette bij de stroom.

De kracht van vrouwen,
de Verwezenlijkte Droom.

8

Otter

De kracht van Otter houdt een aantal lessen in over vrouwelijke
energie. Deze zijn van toepassing op zowel mannen als vrouwen,
daar we allemaal vrouwelijke kanten hebben. De huid van Otter
wordt vaak gebruikt om er medicijnbuidels van te maken voor
wijze vrouwen. De huid stelt namelijk evenwichtige vrouwelijke
energie voor.

Otter is heel zorgzaam voor haar jongen; zij zal uren met hen
spelen en daarbij allerlei acrobatische toeren uithalen. Otter leeft
op het land, maar altijd dicht bij water. De elementen Aarde en
Water zijn de vrouwelijke elementen. Otter, die zich in beide
elementen thuis voelt, is de personificatie van vrouwelijkheid: lang,
glad en sierlijk. Otter is de ware 'coquette' van de dierenwereld.

Otter is altijd in beweging en zeer nieuwsgierig. In tegenstelling
tot andere dieren zal Otter nooit als eerste een gevecht beginnen.
Ze verdedigt zich slechts. Dit vrolijke kleine schepsel is dol op
avontuur; ze gaat ervan uit dat alle andere schepselen vriendelijk
zijn – totdat het tegendeel is bewezen.

Deze karaktertrekken vormen de schoonheid van een
evenwichtige vrouwelijke kant, de kant die ons in staat stelt
anderen in ons leven toe te laten zonder vooroordelen of
achterdocht jegens hen te koesteren. Otter leert ons dat
evenwichtige vrouwelijke energie niet jaloers of kattig is. Het gaat
om zusterschap, om plezier hebben en om delen in het geluk van
anderen. Vanuit het vast verankerde geloof dat *alle* talenten ten
goede komen aan de hele stam, is Otter blij voor anderen.

Lang geleden was het volgens het stammenrecht gebruikelijk dat
als een vrouw weduwe werd, haar zuster haar eigen echtgenoot als
minnaar aan de weduwe aanbood om te voorkomen dat haar
scheppende kracht zou opdrogen en niet meer gebruikt zou
worden. Dit is ook de kracht van Otter. In Otters evenwichtige
opvatting over het delen van goedheid bestaat geen ruimte voor
afgunst, of voor angst om vervangen te worden.

Vrouwelijke energie zonder spelletjes of macht vormt een

prachtige ervaring. Het is de vrijheid van liefde zonder jaloezie. Het is je naaste liefhebben als jezelf.

Het zou weleens tijd kunnen zijn om je gevoelens over het delen met anderen van de overvloed in je leven aan een onderzoek te onderwerpen. Otter zou kunnen zeggen dat zowel mannen als vrouwen naar de schone eigenschappen van het vrouwelijke dienen te streven, zodat eenheid van geest kan worden bereikt. Dit zou inhouden dat jaloezie vernietigd wordt, te zamen met alle boze handelingen die hieruit voortkomen. Het zou betekenen dat je je ego met een Haviksoog in de gaten houdt en compleet vertrouwen handhaaft. Er zou een wereld ontstaan waarin alle mensen samenkomen om het recht van ieder persoon om te *zijn* te erkennen.

Als je dit symbool hebt getrokken, vertelt Otter je misschien dat je het speelse kind moet worden en eenvoudigweg moet toestaan dat dingen zich in je leven ontvouwen. Het zou weleens tijd kunnen zijn om je verslaving aan gepieker op te geven. Otter leert je ook dat het van belang is niet aan materiële zaken te hechten, zodat deze je niet kunnen binden of je tot last kunnen worden. Als je wilt leren van de gewoonten van Otter, kun je eens kijken naar de ontvankelijke kant van je aard, die vol vreugde is. Heb je jezelf onlangs een cadeautje gegeven? Heb je tijdens je meditatie boodschappen ontvangen? Word Otter en stap zachtjes in de rivier van het leven. Drijf mee op het water van het universum... zo pas je evenwichtige vrouwelijk-ontvankelijke energie toe. Eer deze energie, dan zul je de kracht van het vrouwelijke ontdekken.

ONDERSTEBOVEN:

Als de afbeelding van Otter ondersteboven ligt, ren je misschien als een kip zonder kop van het ene idee naar het andere. Het zou ook kunnen betekenen dat je bent vergeten hoe je moet ontvangen, en dat je een geschenk van het universum blokkeert met je mannelijke kant. Als dit het geval is, word je misschien verlegen van complimentjes en van omhelzingen, en durf je je werkelijke persoonlijkheid niet te tonen. Angst om afgewezen te worden, is de boodschap van Otter in deze positie. Wees niet zo ernstig, speel met het leven, zodat de angst van je rug glijdt. Besef dat er maar *één* stroom bestaat, de stroom van liefde van de Grote Geest naar jou, van jou naar anderen, en van anderen weer naar jou.

Vlinder... die fladdert
in het licht 's ochtends vroeg,
je kende vele vormen,
eer je je vleugels uitsloeg.

9
Vlinder

De kracht die Vlinder ons brengt, is verwant met de lucht. Het is de geest, en het vermogen om de geest te kennen of te veranderen. Het is de kunst om van gedaante te verwisselen.

Om de kracht van Vlinder toe te kunnen passen, moet je op intelligente wijze je positie in de cyclus van zelftransformatie observeren. Net zoals Vlinder bevind je je altijd in een bepaald stadium van je leven. Misschien verkeer je in het eistadium, het begin van alle dingen. In dit stadium wordt een idee geboren. Het is dan nog geen werkelijkheid. In het larvestadium besluit je om je idee werkelijkheid te laten worden. In het coconstadium richt je je naar binnen, je voert je project of idee uit of ontwikkelt het. Dit geldt niet alleen voor projecten of ideeën, maar ook voor aspecten van je persoonlijkheid waar je iets aan wilt doen. In het laatste stadium van gedaanteverwisseling wordt uit de pop Vlinder geboren. In deze laatste fase laat je de wereld delen in de kleuren en de vreugde van je schepping.

Als je nauwkeurig kijkt naar wat Vlinder je probeert te leren, zul je beseffen dat het gaat om de eeuwigdurende cyclus van zelftransformatie. Om erachter te komen in welk stadium van de cyclus je je bevindt, dien je je af te vragen:
1) Is dit het eistadium, is het alleen maar een gedachte of idee?
2) Is dit het larvestadium, moet ik een besluit nemen?
3) Is dit het coconstadium, ontwikkel en doe ik iets om mijn idee werkelijkheid te laten worden?
4) Is dit het geboortestadium, deel ik mijn voltooide idee met anderen?

Als je jezelf deze vragen stelt, zul je ontdekken in welk verband je momenteel met Vlinder staat. Wanneer je begrijpt waar je bent, kan het symbool je leren wat je vervolgens moet doen om verder te komen in de cyclus van zelftransformatie. Als je weet welk stadium je doormaakt, zul je de creativiteit van Vlinder zien.

Het is gemakkelijk om de lucht, of geestelijke kracht, van Vlinder toe te passen. Als je je bijvoorbeeld de laatste tijd uitgeput hebt gevoeld en je hebt afgevraagd hoe je je vermoeidheid kunt helen, let dan op de kleuren waartoe je je recentelijk aangetrokken hebt gevoeld. Voelt je lichaam zich beter bij groen? Zou dit kunnen betekenen dat je meer groene groente moet eten? Deze manier van denken wordt geïnspireerd door de kracht van Vlinder.

Vlinder kan helderheid scheppen bij je geestelijke ontwikkeling, kan je helpen een project uit te voeren en kan je terzijde staan bij het vinden van de volgende stap in je persoonlijk leven of je loopbaan. De belangrijkste boodschap die dit symbool je te bieden heeft, is dat je gereed bent voor een gedaanteverwisseling. Leg de kaarten in het Vlinderpatroon om erachter te komen wat je volgende stap is.

ONDERSTEBOVEN:
Als je Vlinder ondersteboven hebt getrokken, is de les eenvoudig. Je hebt behoefte aan verandering in je leven, je erkent dit alleen niet. Het zou kunnen gaan om de behoefte aan vrijheid, aan vakantie, aan een nieuwe baan. Misschien vind je verandering te moeilijk, wil je er niets van weten, en lekker oude gewoonten in stand houden. Maar door niets te willen weten van de mogelijkheid tot verandering, zeg je in feite dat de moed van Vlinder je ontbreekt. Waarom staat Vlinder voor moed? Omdat er een totaal andere wereld buiten de cocon ligt, waar de bekende werkelijkheid van de pop niet langer doelmatig is. Deze nieuwe wereld vraagt erom dat je je nieuwe vleugels gebruikt – en vliegt!

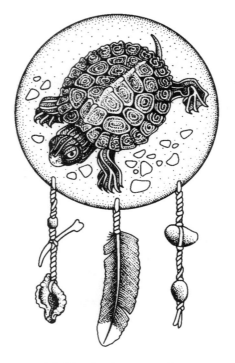

Schildpad... Grote Moeder,
voed mijn geest,
kleed mijn hart,

opdat ik jou ook kan dienen.

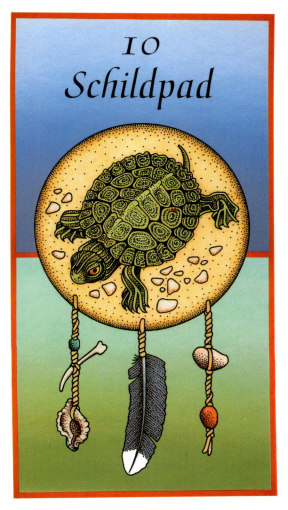

10

Schildpad

10
Schildpad
MOEDER AARDE

In Indiaanse leringen is Schildpad het oudste symbool voor
Moeder Aarde. Het is de personificatie van godinne-energie, van de
eeuwige Moeder uit wie ons leven voortkomt. We worden geboren
uit de baarmoeder van de Aarde, en onze lichamen zullen naar
haar bodem terugkeren. Schildpad vraagt ons de Aarde te eren en
acht te slaan op de cyclus van geven en nemen. We moeten op
onze beurt aan de Moeder geven zoals zij aan ons heeft gegeven.

Schildpad heeft een omhulsel dat haar lichaam bescherming
biedt. Aarde past al eeuwenlang dezelfde soort bescherming toe om
het hoofd te bieden aan schendingen van haar lichaam. De
bescherming van Moeder Aarde heeft plaatsgevonden in de vorm
van veranderingen in de Aarde, nieuwe plantengroei, aanwas van
nieuwe landmassa's ten gevolge van vulkaanuitbarstingen, en
klimaatveranderingen. Net zoals Schildpad heb je schilden die je
beschermen tegen pijn, afgunst, jaloezie en de achteloosheid van
anderen. Van de gewoontepatronen van Schildpad kun je leren hoe
je deze bescherming moet gebruiken. Als de handelingen of
woorden van anderen je kwellen, is het tijd om in jezelf te keren en
eer te bewijzen aan je gevoelens. Als je aangevallen wordt, is het
tijd om waarschuwend van je af te bijten.

Als je het Schildpadsymbool hebt gekozen, wordt van je
gevraagd je innerlijke bron van scheppende kracht te eren, je in de
Aarde gegrond te voelen en je toestand met moederlijk mededogen
te observeren. Maak gebruik van de energie van water en aarde, de
twee thuishavens van Schildpad, om harmonieus met je situatie
mee te drijven en om in een houding die kracht uitdrukt je voeten
stevig op de grond te zetten.

Schildpad is een geweldige leraar waar het gronden betreft. Je
zou zelfs weleens je ruimtevaartneigingen te boven kunnen komen
als je je richt op de kracht van Schildpad. Als je gegrond bent,
plaats je je gedachten en handelingen in het brandpunt van je
aandacht, en verminder je je vaart tot een tempo dat heelheid
garandeert.

Schildpad vertelt je ook dat je met de stroom mee kunt drijven, dat je deze niet hoeft aan te sporen sneller te gaan, zoals ook wel blijkt uit het tempo dat Schildpad aanhoudt. Graan dat te vroeg geoogst wordt, is nog niet rijp. Als het echter de kans krijgt om zich in zijn eigen snelheid, in zijn eigen tijd te ontwikkelen, zal iedereen van de zoete smaak ervan kunnen genieten.

Schildpad begraaft haar gedachten, net zoals haar eieren, in het zand; zij laat het aan de zon over de kleintjes uit te broeden. Dit leert je om eerst eens goed over je ideeën na te denken alvorens ze aan het daglicht bloot te stellen. Lees de fabel over de schildpad en de haas nog eens en maak dan voor jezelf uit of je je op Schildpad wilt richten. Het is niet altijd goed om door groter, sterker en sneller te zijn een doel te bereiken. Wie weet wordt er bij aankomst wel gevraagd waar je geweest bent en ben je dit vergeten. Als dit het geval is, kan je vroegtijdige aankomst je weleens het gevoel geven dat je niet op tijd bent.

Als je de Schildpadkaart trekt, voorspelt deze een tijd waarin je verbinding krijgt met de kracht van de Aarde en de Moeder-Godin in jezelf. De kaart herinnert je eraan dat je in Moeder Aarde een bondgenoot hebt. Het doet er niet toe welke situatie je voor jezelf hebt geschapen, vraag haar om hulp en overvloed zal je deel zijn.

ONDERSTEBOVEN

Als je de Schildpadkaart met de afbeelding ondersteboven hebt getrokken, betekent dit dat Moeder Aarde je toeroept opnieuw verbinding te maken. Als je oneerbiedig bent geworden, en afval uit het autoraam hebt geworpen in plaats van het te bewaren, roept ze je toe. Als je je alleen hebt gevoeld in tijden van nood, roept ze je toe. Als je met geldproblemen hebt gekampt of weinig te eten hebt, of als je naar een kind hebt verlangd en niet verwacht binnenkort zwanger te raken, is zij je kracht – maak er gebruik van. Je bent niet alleen... nooit. Je bent een kind van de Aarde. Alles wat plezier, vreugde en overvloed brengt, wordt gegeven door de Moeder van de scheppende kracht. Laat haar energie je helpen en je zult dusdanig geheeld worden dat je deze energie met anderen kunt delen.

Schildpad ondersteboven kan ook het idee symboliseren van een Schildpad die hulpeloos probeert zichzelf op te richten nadat zij omver is gelopen. Je bent geen slachtoffer, en je bent niet hulpeloos, hoezeer het er ook op mag lijken in je huidige situatie. Om de van haar waardigheid beroofde Schildpad weer op haar poten te krijgen, hoef je alleen maar te denken aan de dingen waarvoor je dankbaar bent. Kijk dan vanuit die dankbaarheid in je hart naar de overvloed aan alternatieven die Moeder Aarde te bieden heeft.

Eland...
   Zorg dat ik mijn gaven ook werkelijk geef,
      en dat ik mijn waarde besef zolang als ik leef.

11
Eland

Eland staat in het Noorden van het Medicijnwiel, net als Buffel. In het Noorden wordt wijsheid gevonden. Gevoel van eigenwaarde is de kracht van Eland. Wanneer je in een situatie met wijsheid handelt, zorgt de kracht van Eland ervoor dat je dit erkent of dat je jezelf een schouderklopje geeft.

Eland is het grootste lid van de hertenfamilie. Hij is zeer sterk. De roep van een mannetjeseland klinkt ontzagwekkend door de met muskus geparfumeerde lentenacht. Zijn trots op zijn mannelijkheid en zijn wens om zijn zaad te delen met een vrouwtjeseland zijn uitingen van zijn gevoel van eigenwaarde. Het geloei van een mannetjeseland kan als een positieve kracht worden gezien; het geeft aan dat hij bereid is zijn gevoelens aan de hele wereld te vertellen.

De neiging om de hele wereld te laten meegenieten, komt voort uit een blijheid die samengaat met een gevoel van voldoening. Niets is prettiger dan iets dat goed is gedaan. Eland zoekt dan ook geen goedkeuring, hij schept vreugde in het delen van de spontane explosie van vreugde in het diepst van zijn wezen.

De wijsheid die uit deze schets spreekt is dat de schepping voortdurend nieuwe ideeën en verdere schepping voortbrengt. Eland vertelt ons dat vreugde met trots uitgeschreeuwd mag worden. Vreugde is 'besmettelijk', zo leert de wijsheid van Eland ons. We vrolijken op van het geloei, het geeft ons aanleiding onszelf of een ander 'goed zo!' toe te roepen.

Mensen met de kracht van Eland weten wanneer ze de zachtheid van Hert moeten gebruiken en wanneer de onverhoedse beweging van Buffel. Zij kennen het evenwicht tussen orders uitdelen om dingen gedaan te krijgen en bereid zijn dingen zelf te doen. De wijsheid in de kracht van Eland is verwant met de Grootvader Krijger die lang geleden zijn oorlogsverf aan de kant heeft gezet en nu de jonge mannetjesdieren adviseert hun bloed te laten bekoelen.

De kracht van Eland wordt vaak gevonden bij ouderen die de

Goede Rode Weg hebben bewandeld en die tijdens hun Pad op
Aarde vele dingen hebben gezien. Zij scheppen vreugde in de rol
van leraar voor de kinderen; zij geven graag als eersten
aanmoediging. Dit neemt niet weg dat mensen met de kracht van
Eland ook waarschuwingen uitdelen; zij gebruiken hun wijsheid
niet alleen maar om te prijzen. Mensen met de kracht van Eland
weten wat ze moeten zeggen, wanneer ze dit moeten zeggen en
tegen wie ze het moeten zeggen.

Bij Indianenstammen worden de ouderen vereerd vanwege hun
wijsheid, hun bekwaamheden als leraar, en de kalmte waarvan ze
blijk geven tijdens Raadsvergaderingen. Als je wijzer bent dan je
leeftijd zou doen vermoeden, en je hebt de gave van de kracht van
Eland, gebruik deze gave dan om anderen aan te sporen te leren en
te groeien. De wijsheid in de kracht van Eland heeft vele facetten.

Als je de Elandkaart hebt getrokken, heb je reden je goed te
voelen over iets dat je op je reis hebt volbracht. Het kan daarbij
gaan om een gewoonte waarmee je hebt gebroken, de voltooiing
van iets, een inzicht of doel, of een nieuw zelfgevoel dat je door
hard aan jezelf te werken hebt bevochten. Het is tijd om je op
harmonische wijze trots te voelen en om degenen die je onderweg
hebben geholpen erkentelijk te zijn.

De kracht van Eland beveelt een goede oefening aan: schrijf op
van welke dingen van jezelf en van je voortgang in het leven je
kunt houden. Doe dan hetzelfde met betrekking tot vrienden,
familie, collega's en het leven. Vergeet niet je bevindingen met
anderen te delen. Zij hebben de aanmoediging net zo hard nodig
als jij.

ONDERSTEBOVEN:
Als Eland ondersteboven ligt, is dit een waarschuwing dat de
arrogante ego de boventoon kan gaan voeren. Denk eraan dat
anderen dezelfde mogelijkheden bezitten als jij. Zorg ervoor dat je
hun gaven zorgvuldig blijft waarderen. Eland in omgekeerde
positie houdt in dat je terwijl je je eigen loftrompet stak, niet in
anderen geïnteresseerd bent geweest en aldus bent vergeten dat
ieder mens van een ander mens iets kan leren. De omgekeerde
kracht van Eland zou je kunnen vragen om een tijdje stilletjes te
groeien, om je geest te kalmeren en om de kracht en wijsheid van
de stilte in je hart toe te laten. Dit is de kern van de kracht van
Eland: de wijsheid van de stilte kennen, zodat je wanneer de tijd
rijp is om te spreken, trots kunt zijn op wat je zegt.

Stekelvarken...
    Van onschuld de hoeder,

voor iedere vrouw een vriend,
    voor iedere man een broeder.

12
Stekelvarken

Het Zuiden op het Medicijnwiel biedt plaats aan kinderlijke
onschuld en nederigheid. Het is de thuishaven van speelsheid;
Stekelvarken bevindt zich hier.

Stekelvarken heeft vele speciale eigenschappen en een zeer sterke
kracht: die van geloof en vertrouwen. De kracht van geloof doet
bergen verzetten. De kracht van vertrouwen in het leven brengt het
vertrouwen mee dat de Grote Geest een goddelijk plan heeft. Het is
jouw taak om de weg te vinden die voor jou het meest heilzaam is
en waarop je grootste talenten om dit plan te bevorderen tot
uitdrukking kunnen komen. Vertrouwen schept ruimte. De ruimte
die op deze manier ontstaat, geeft anderen de gelegenheid hun
harten voor jou te openen en om hun gaven van liefde, vreugde en
kameraadschap met jou te delen.

Als je Stekelvarken zou observeren, zou je onmiddellijk haar
stekels opmerken. Zij gebruikt deze stekels alleen maar wanneer
het vertrouwen tussen Stekelvarken en een ander wezen verbroken
is. Net als Otter is Stekelvarken een zacht, liefhebbend, niet-
agressief diertje. Als er vertrouwen is, is het mogelijk om
Stekelvarken uit je hand te laten eten zonder ooit door haar stekels
te worden gestoken.

Als je de fundamentele aard van dit dier begrijpt, zou je je eigen
behoefte aan vertrouwen en geloof kunnen gaan begrijpen, en weer
als een kind kunnen worden. In de huidige maatschappij hebben
we de vriendelijke aansporing van Stekelvarken nodig om eer te
bewijzen aan het wonder van het leven, om elke nieuwe dag te
waarderen als een mogelijkheid tot ontdekkingsreizen.

Stekelvarken zat bewegingloos te kijken naar een hol stuk hout. Ze
vroeg zich af of de natuur dit speeltje expres voor haar had
gemaakt. Stekelvarken stelde zich alle dingen voor die ze met het
stuk hout zou kunnen doen. Ze zou er bovenop kunnen klimmen
en het van de ene kant naar de andere kant kunnen laten rollen. Ze
zou in de holte kunnen klimmen en kijken of er sappige wormen

voor haar te vinden zouden zijn. Ze zou ook lekker haar rug kunnen schuren langs de ruwe buitenkant als ze zin had.

Juist toen Stekelvarken zat te bedenken wat ze nog meer zou kunnen doen, zag ze Beer naderbij komen. Beer was groot en zwart, en hij was op zoek naar honing. Oh, een speelkameraad met wie ik mijn stuk hout kan delen, dacht ze.

'Hallo Beer,' kirde ze, 'wil je met me spelen en mijn stuk hout met me delen?'

Norse oude Beer snoof: 'Stekelvarken, weet je niet dat ik te oud ben om te spelen? Je staat me in de weg. Ik ben op zoek naar honing. Ga weg!'

'Maar Beer, je bent nooit te oud om te spelen,' antwoordde ze. 'Als je vergeet hoe het was om een jong beertje te zijn, zul je altijd net zo ongeduldig en nors zijn als je nu bent.'

Beer dacht eens na over wat Stekelvarken had gezegd. Misschien had ze wel gelijk. Alle andere schepselen waren angstig voor Beer weggerend. Zelfs de andere Beren hadden hun neuzen voor hem opgehaald toen hij naar hen gromde. Dit kleine Stekelvarken vertrouwde er zomaar op dat hij haar niet zou opeten. Ze bood hem zelfs haar vriendschap aan.

De oude Beer keek naar Stekelvarken. Er begon zich iets in hem te roeren. Hij herinnerde zich opeens de spelletjes die hij als jong beertje had gespeeld. Vreugde begon weer in hem te leven.

'Stekelvarkentje, je hebt me eraan herinnerd dat ik terwijl ik sterk werd en op zoek ging naar antwoorden, verstrikt ben geraakt in mijn pogingen een intellectueel te zijn. Ik ben bang geworden voor wat anderen zouden denken als ik mijn masker van norsheid zou laten vallen. Ik was bang dat ze me niet meer serieus zouden nemen. Je hebt me geleerd dat ik door als een oude brompot door het leven te gaan, ervoor zorgde dat anderen niet meer om me gaven. Dank je. Ik zou heel graag met dit oude stuk hout spelen.'

En zo werd Beer weer als een kind, en maakte hij kennis met de onschuld van Stekelvarken.

Met de Stekelvarkenkaart herinner je jezelf er vriendelijk aan dat je niet in de chaos van de wereld der volwassenen verstrikt moet raken, waar angst, hebzucht en lijden heel gewoon zijn. De kracht van deze kaart is die van opluchting, opluchting dat ernst en strengheid losgelaten kunnen worden. Stel je hart open voor de dingen die je als kind vreugde gaven. Herinner je de kostbaarheid van fantasie en verbeeldingskracht, van je vermogen om een spel of stuk speelgoed te maken uit niets dan afval. Bewijs eer aan de speelsheid van geest die iedereen laat winnen.

ONDERSTEBOVEN:
Wanneer de Stekelvarkenkaart ondersteboven opduikt, is dat een tijdige waarschuwing dat je het spel des levens niet kunt winnen als je te ernstig bent. Je voelt je op een bepaald levensterrein misschien gekwetst, of angstig om weer te vertrouwen. Het is mogelijk dat het leven je zojuist een harde slag heeft toegebracht. Als dit het geval is, begin er dan mee weer geloof te hechten aan je vermogen om de les met vreugde te boven te komen. Ben je bereid jezelf te vertrouwen? Als dit zo is, zou je eens kunnen beginnen de gevoelens op te schrijven die uit deze situatie voortkomen. Hoe kun je, als je volwassen zelf, het kind in je troosten en het leren weer geloof en vertrouwen te hebben?

Wanneer Stekelvarken haar waardigheid heeft verloren, ligt zij met haar buik omhoog en haar stekels in de grond gestoken. Dit is een nogal weerloze positie. Misschien dwing je jezelf er wel toe kwetsbaar te zijn, zodat je je hoop kunt herwinnen. Misschien moest je wel omver rollen om over je buikje geaaid te worden. Deze positie zou er dus op kunnen wijzen dat je gereed bent om een beetje liefde van anderen te aanvaarden. Hoe dan ook, als je niet bereid bent om weer vertrouwen te hebben, dwingt deze kaart je te kijken waarom dat zo is. Of waarom niet!

Prairiewolf... jij duivel!
Je had me weer beet!
Moet ik me afvragen
waarom je dat deed?

13
Prairiewolf

Er bestaan duizenden mythen en verhalen over Prairiewolf, de grote bedrieger. Veel inheemse culturen noemen Prairiewolf de 'Hond van Kracht'. Als je deze kaart hebt getrokken, kun je er zeker van zijn dat kracht onderweg is, maar of deze naar je zin is, is nog maar de vraag. Om welke kracht het ook gaat, je kunt ervan verzekerd zijn dat je erom zult kunnen lachen, desnoods als een boer met kiespijn. Je kunt er ook zeker van zijn dat Prairiewolf je een lesje over jezelf zal leren. Prairiewolf beschikt over vele magische krachten, maar deze pakken niet altijd in zijn voordeel uit. Zijn eigen bedriegerij houdt hem voor de gek. Hij is de meesterbedrieger die zichzelf bedriegt. Niemand is verbaasder dan Prairiewolf als hij het resultaat van zijn streken ziet. Hij valt in de kuil die hij voor zichzelf heeft gegraven. En toch slaagt hij er op de een of andere manier in te overleven. Of hij nu beschadigd en gekneusd uit een ervaring te voorschijn komt, spoedig gaat hij weer op weg naar een *nog grotere vergissing*. Hij vergeet van zijn ervaringen te leren. Hij heeft de strijd dan misschien verloren, maar hij is nooit verslagen.

Prairiewolf is heilig. In de dwaasheid van zijn handelingen zien we onze eigen dwaasheid weerspiegeld. Terwijl Prairiewolf van de ene ramp naar de andere gaat, verfijnt hij de kunst van zelfsabotage tot in de perfectie.

Niemand kan met meer gratie en gemak zichzelf of iemand anders blindelings ruïneren dan deze heilige bedrieger. Prairiewolf neemt zichzelf soms zo serieus, dat hij niet meer ziet wat overduidelijk is. Zo ziet hij bijvoorbeeld de stoomwals niet die over hem heen gaat rijden. Als deze hem raakt, kan hij gewoon niet geloven wat hem overkomt. 'Was dat een stoomwals? Ik kan beter even gaan kijken,' zegt hij. En weer wordt hij overreden.

In deze kracht bevindt zich de humor van de eeuwigheid. De kosmische grap houdt niet alleen onszelf voor de gek, maar ook alle anderen die Prairiewolf volgen of over sterke Prairiewolfkracht beschikken. Zo iemand is in staat anderen ervan te overtuigen dat een stinkdier naar rozen ruikt, maar het blijft natuurlijk nog steeds een stinkdier.

De tijd om een dutje te doen is voorbij als je de Prairiewolfkaart hebt getrokken. Kijk maar uit! Je glazen huis kan elk moment instorten. Alle spiegels van het zelf zullen versplinteren. De goddelijke bedrieger achtervolgt je als een schaduw. Je zou weleens over hem kunnen struikelen. Prairiewolf krabt eens in zijn oksel. Hij doet een gek dansje. Hij steekt zijn staart in brand als hij met lucifers speelt. Hij springt in de visvijver om zichzelf te redden en verdrinkt bijna. Prairiewolf verleidt een bronzen beeld. Prairiewolf denkt dat hij een bot heeft gevonden, maar het is een ratelslang. Iedereen kijkt naar het komische tafereel. Prairiewolf dat ben jij, ik, landmijnen, straalvliegtuigen waarvan de toiletten niet werken, afspraakjes met onbekenden, en al de andere grillige en eigenaardige dingen die we op het levenspad tegenkomen. Bereid je voor op meer gelach, veel meer.

Onderwerp onmiddellijk je ervaringen aan een grondig onderzoek. Vraag jezelf af wat je werkelijk aan het doen bent en waarom. Is Prairiewolf jouw kracht? Houd je jezelf voor de gek? Probeer je een tegenstander voor de gek te houden? Levert iemand je streken? Wil je je onnozele goedzak van een collega het telefoonnummer geven van de mooie nieuwe secretaresse? Of wil je je beste vriend een flater laten slaan? Wanneer heb je voor het laatst iets gedaan dat uitsluitend gek en leuk was?

Aan de andere kant ben je je misschien niet bewust van je eigen pad van dwaasheid. Misschien geloof je zelf dat je weet wat je aan het doen bent en heb je je gezin, vrienden of eigenlijk iedereen ervan weten te overtuigen dat dit zo is. Maar luister, Prairiewolf, je wordt in de war gebracht door je eigen machinaties. Je hebt jezelf een benevelende, verwarrende, verduivelde *streek* geleverd. Je ogen hebben je bedrogen. Zet ze goed in de kassen. Doorzie het geniale van je zelfsabotage. Laat je erdoor amuseren en lach, bedrieger, lach.

Als je niet om jezelf en je dwaze capriolen kunt lachen, heb je het spel verloren. Prairiewolf komt altijd langs wanneer je dingen te serieus opvat. De kracht is gelegen in gelach en grappenmakerij, die ruimte scheppen voor nieuwe gezichtspunten.

Als je de kracht van Prairiewolf bezit, kun je deze gebruiken om saaie ouwe kerels mee op te vrolijken, om de stemming op een feestje te verbeteren, of om ongedwongen een eenrichtingsgesprek te doorbreken. Het heeft zijn positieve kanten om nieuwsgierige vragen over je leven te saboteren. Schep er *lol* in om de een of andere roddelaar op de mouw te spelden dat je net uit St. Tropez bent teruggekomen in je nieuwe Fokker Friendship!

ONDERSTEBOVEN:
Als Prairiewolf ondersteboven verschijnt, kun je er zeker van zijn dat hij obstinaat en onuitstaanbaar gaat zijn. Kijk om je heen en let op uit welke richting hij komt. Als Prairiewolf je van buitenaf nadert, wees dan op je hoede voor deze meester van illusie. Prairiewolf kan je onder zijn betovering brengen en je meenemen naar een doornstruik om bessen te plukken. Als je hem volgt, zal je een pijnlijke les te wachten staan. Omgekeerde Prairiewolf kan in je leven verschijnen in de gedaante van een zogenaamd alles wetende leraar, een nepkunstenaar, een projectontwikkelaar die snel rijk wil worden, een vertegenwoordiger die huis-aan-huis zeldzame munten verkoopt, een fatale vrouw, een filmproducent, een televisiedominee, een makelaar in moerasland, een politicus, of iemand die wil dat jij doet wat hij of zij wil. Prairiewolf is niet de aanbevolen zakelijke partner of minnaar.

Omgekeerde Prairiewolf kan een tijd aankondigen waarin alles wat je onderneemt een averechtse uitwerking zal hebben. Je kunt het lijdend voorwerp worden van je eigen grappen. In deze positie kondigt Prairiewolf ook een tijd aan waarin je je bewust moet zijn van de bedoelingen van anderen. Let op de boemerang die *jij* naar een ander hebt gegooid en die nu op weg is om je van achteren neer te slaan. Iemand kan je een streek aan het leveren zijn, of misschien staat je een teleurstelling te wachten. Wat omgekeerde Prairiewolf ook heeft opgeroepen, het kan uit elke richting komen. Denk erom, deze grapjas is altijd onvoorspelbaar!

Hond...

Je bent zo nobel.
Jouw vriendschap duurt altijd.
Jouw kracht is de kennis,
dat niets oprechte vrienden scheidt.

14
Hond

Alle Indianenstammen uit het zuidwesten en de *Great Plains* van
Noord-Amerika hielden Honden. Deze prachtige dieren
waarschuwden als er gevaar dreigde en hielpen bij de jacht. Op
lange winteravonden verschaften ze warmte. De hondenstam heeft
natuurlijk vele leden, maar bij de eerste Honden van de Indianen
ging het meestal om half wilde exemplaren. Dit nam echter niet
weg dat zij hun eigenaars hun aangeboren trouw betoonden.

Hond is door de eeuwen heen beschouwd als dienaar van de
mensheid. Mensen met de kracht van Hond staan gewoonlijk
anderen, of de mensheid als geheel, op de een of andere manier ten
dienste. Hond is het teken van degene die aan liefdadigheid doet,
de filantroop, de verpleegkundige, de therapeut, de dominee en de
soldaat.

Hond was de dienaar-soldaat die de tenten van de stam
behoedde voor een verrassingsaanval. Tot de kracht van Hond
behoort de liefhebbende zachtheid van een *beste vriend* en de half
wilde *beschermersenergie* die noodzakelijk is voor de afbakening
van gebied. Net zoals Anubis, de jakhals uit de Egyptische
mythologie, is Hond een bewaker. Door de eeuwen heen is Hond
de bewaker van de hel geweest en van oude geheimen en
verborgen schatten. Ook baby's werden altijd door hun moeders
aan Hond toevertrouwd, zodat zij konden koken of op het land
werken. Hond heeft achting voor zijn gaven en is trouw aan het
vertrouwen dat in zijn zorg wordt gesteld.

Als je de kracht van Hond onderzoekt, kom je er wellicht achter
dat je tedere persoonlijke herinneringen hebt aan het huisdier dat
je als kind had en waarvan je veel hield. De boodschap die Honden
je proberen te geven, is dat je grondig naar je gevoel van
dienstbaarheid moet kijken. Hondachtigen zijn waarlijk op
dienstverlening gericht. Ze zijn verknocht aan hun eigenaars en
hebben een besef van trouw dat voorbij gaat aan de manier waarop
ze worden behandeld.

Als er tegen Hond is geschreeuwd, of als hij is geslagen, geeft hij

nog steeds liefde aan degene die hem zo slecht heeft behandeld.
Dit doet hij niet uit domheid, maar uit diep en meedogend begrip
voor de menselijke tekortkomingen. Het is alsof er een tolerante
geest huist in het hart van elke hondachtige, die alleen maar vraagt
om van dienst te mogen zijn.

Soms zie je Honden waaruit de trouw geslagen is. Zij krimpen
ineen en huilen bij de geringste blik van afkeuring, maar dit is niet
hun normale aard. Sommige honderassen zijn zelfs tegen hun aard
in afgericht om wreed en gemeen te zijn. Deze rassen hebben uit
een gevoel van dienstbaarheid de agressieve neigingen van hun
eigenaars overgenomen. Hun genetisch geheugen is
gemanipuleerd.

De kracht van Hond vraagt je te kijken of je besef van trouw te
lijden heeft onder je behoefte aan goedkeuring. Als je de
Hondkaart hebt getrokken, moet je eens nadenken over een aantal
vragen, afhankelijk van de situatie waarover je iets vraagt.

1) Ben ik kort geleden vergeten dat ik trouw moet zijn aan mijn
   persoonlijke waarheid in het leven?
2) Is het mogelijk dat roddel of de meningen van anderen mijn
   trouw aan een bepaalde vriend of groep hebben aangetast?
3) Heb ik een trouwe vriend geloochend of genegeerd?
4) Ben ik trouw geweest aan mijn doelen?

ONDERSTEBOVEN:

Als Hond ondersteboven ligt, zou hij je kunnen vertellen dat je
kritisch of gemeen bent geworden onder invloed van degenen met
wie je omgaat.

De omkering van deze kracht zou ook kunnen betekenen dat het
tijd is om niet meer ineen te krimpen van angst, dat het tijd is om
de tegenstanders van je zelfvertrouwen eens krachtig aan te
pakken. De sleutel hierbij is, dat je beseft dat deze vijanden niet
van buiten komen, maar bestaan uit je eigen gedachten. Deze
vertellen je dat je het niet waard bent om trouw aan te zijn of om
anderen trouw te betuigen. Misschien krijg je zin om de patronen
van trouweloosheid in je leven te onderzoeken. Vertel je
bijvoorbeeld roddel verder, of neem je het niet voor iemand op als
iemand anders geruchten over deze persoon verspreidt? Maak je
grapjes die anderen kleineren? Weiger je vriendelijkheid te
beantwoorden met vriendelijkheid? Dit zijn kenmerken van angst,
en wel van een angst die bij de menselijke familie der tweevoeters
maar al te vaak voorkomt: de angst om nergens bij te horen of om

afkeuring op te roepen.

Eis de kracht van trouw aan jezelf en je eigen waarheden op. Word als Hond – je eigen beste vriend.

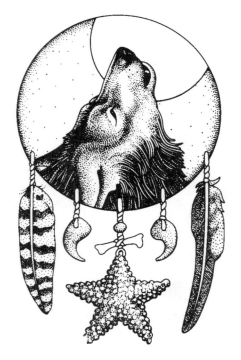

Wolf...
Leraar,
pionier,
maanhond van mijn ziel.

Huilend,
zingend,
leer je mij weten.

15
Wolf

Wolf is de pionier, de voorbode van nieuwe ideeën, die naar de clan terugkeert om kracht te onderwijzen en met anderen te delen. Wolf heeft in zijn leven slechts één partner, en is trouw als Hond. Als je een tijd onder Wolven zou verkeren, zou je merken dat er binnen de troep een enorm saamhorigheidsgevoel heerst, maar ook een sterke drang naar individualiteit. Wat dat betreft lijkt Wolf erg veel op het menselijk ras. Wij mensen zijn ook in staat om deel uit te maken van de maatschappij, en toch onze individuele dromen en ideeën te behouden.

In de Grote Sternatie wordt Wolf voorgesteld door de Hondsster, Sirius, volgens de overlevering in oude tijden de oorspronkelijke thuisbasis van onze leraren. De oude Egyptenaren dachten dat de goden op Sirius woonden; de Dogan-stam in Afrika gelooft dit nog steeds. Het is niet zo gek dat inheemse Amerikaanse volken ditzelfde verband legden en mensen met de kracht van Wolf als de clan van leraren gingen aanvaarden.

Het verstand van Wolf is zeer scherp, en de maan is zijn bondgenoot in kracht. De maan is het symbool voor psychische energie, of voor het onbewuste waarin de geheimen van kennis en wijsheid schuilen. Als Wolf tegen de maan blaft, kan dit een teken zijn dat hij verbinding wil maken met nieuwe ideeën die net onder het oppervlak van het bewustzijn liggen. De kracht van Wolf stelt de leraar in ons in staat te voorschijn te komen en de Kinderen van de Aarde te helpen bij het begrijpen van het Grote Mysterie en van het leven.

Als je de Wolfkaart hebt getrokken, ben je waarschijnlijk in staat je persoonlijke kracht met anderen te delen. Het kan ook zijn dat je intuïtie op dit moment een antwoord of lering voor eigen gebruik voor je heeft. Als je de kracht van Wolf in je tot leven voelt komen, krijg je misschien zin om je kennis over te dragen. Wellicht ga je in woord of geschrift informatie overdragen die anderen kan helpen hun uniekheid of hun levensweg beter te begrijpen. Het bewustzijn van de mensheid zal nieuwe hoogten bereiken dank zij mensen die grote waarheden met anderen delen. Wolf zou je ook kunnen vertellen om eenzame plekken op te zoeken waar je in staat zult zijn de leraar in jezelf te zien. Als je alleen bent op een plek waar kracht van uitgaat, een plek zonder andere mensen, kun je je ware zelf vinden. Kijk overal uit naar leringen. Wolf komt alleen maar naar je toe wanneer je om de verschijning van de grootste leraar van de stam verzoekt.

ONDERSTEBOVEN:

Als Wolf ondersteboven ligt, wordt van je gevraagd om je beperkte overzicht van de huidige situatie te verruimen. Dit kan heel wat moed vereisen en je moet bereid zijn naar nieuwe ideeën te kijken. Het zou ook kunnen betekenen dat je een punt moet zetten achter oude ideeën, zodat er ruimte ontstaat voor nieuwe kennis. Je zult de gave van wijsheid pas ontvangen nadat je zoveel paden hebt bewandeld en zoveel doodlopende wegen bent ingeslagen, dat je precies weet hoe het bos in elkaar steekt. Met de ontdekking en herontdekking van elke centimeter grond komt de kennis dat niets ooit hetzelfde blijft.

Wolf in omgekeerde positie zou je ook kunnen vertellen dat de stroom van verandering in je leven verzand is geraakt ten gevolge van stagnatie of de angst om voor je mening op te komen. Als Wolf ondersteboven ligt, spoort hij je *altijd* aan om leraren of pioniers te zoeken die je de weg zullen wijzen naar nieuwe levenservaring. Denk eraan, de leraar of pionier kan net zo goed het zachte stemmetje in jezelf zijn als een mens, een blad, een wolk, een steen, een boom, een boek, of de Grote Geest.

Leven is groeien, en groeien doe je wanneer je alle levensvormen als je leraar aanvaardt. Word Wolf en trek op avontuur uit. Wie weet kun je stoppen met tegen de maan te janken en de maan *worden*.

Raaf...
Zwart als kool,
mystiek als de maan,

spreek me van magie,
en ik zal weldra
met je vliegen gaan.

16
Raaf
MAGIE

Raaf is door de tijden heen altijd als drager van de kracht van magie beschouwd. Dit heeft voor vele culturen over de hele planeet gegolden. Het is heilig, volgens sjamanen, om Raaf als brenger van magie te eren. Als deze magie kwade kracht inhoudt, wordt de drager ervan eerder uit angst dan uit respect vereerd. Zij die Raaf vrezen, zijn misschien aan het beunhazen geweest op terreinen waar zij geen verstand van hadden, met als mogelijk gevolg dat een betovering nu op hen terugslaat. Het is niet nodig de duistere kant van tovenarij te analyseren. Het is goed te beseffen dat je Raaf alleen zult vrezen als je iets over je innerlijke angsten of zelfgeschapen demonen moet leren.

De magie van Raaf is een zeer sterke kracht. Zij kan je de moed verschaffen om de duisternis van de leegte binnen te gaan, waar alles verblijft wat nog geen vorm heeft aangenomen. De leegte wordt het Grote Mysterie genoemd. Groot Mysterie bestond al voordat al het andere tot ontstaan kwam. Binnen de leegte woont Grote Geest, die uit het Grote Mysterie verrees. Raaf is de boodschapper van de leegte.

Als Raaf tussen je kaarten verschijnt, sta je op het punt een verandering in bewustzijn te ondergaan. Je zou de kans kunnen krijgen om binnen het Grote Mysterie aan het einde der tijden een andere weg te bewandelen. Dit zou betekenen dat Raaf je een teken brengt dat inhoudt: 'Je hebt het recht verdiend om een beetje meer van de magie van het leven te zien en te ervaren.' De kleur van Raaf is de kleur van de leegte – het zwarte gat in de ruimte dat alle energie bevat van de scheppende bron.

In inheemse leringen betekent de kleur zwart vele dingen, maar geen onheil. Zwart kan staan voor het zoeken naar antwoorden, het kan de leegte betekenen, of de weg van het spirituele of niet-tastbare. De blauwzwarte kleur van Raaf vertoont een kleurenspel dat getuigt van de magie van de duisternis. De kleur wijst er ook op, dat vormen een andere gedaante kunnen aannemen en dat bewustwording mogelijk is.

Raaf is de bewaker van ceremoniële magie en van helen *in absentia*. Raaf is in elke helende cirkel aanwezig. Raaf geeft leiding aan de magie van helen en aan de bewustzijnsverandering die een nieuwe werkelijkheid tot stand brengt en 'on-gemak' of ziekte verdrijft. Raaf brengt ons de nieuwe staat van gezondheid uit de Leegte van Groot Mysterie en het veld des overvloeds.

Raaf is de boodschapper die alle energiestromen van ceremoniële magie vervoert tussen de ceremonie zelf en de bestemming ervan. Als er bijvoorbeeld een ceremonie plaatsvindt om energie te sturen naar een rampgebied waar mensen moed en kracht nodig hebben, dan is Raaf de koerier van deze energiestroom. De bedoeling zou kunnen zijn de mensen in het getroffen gebied de bewogenheid en steun van de deelnemers aan de ceremonie te laten voelen.

Als je Raaf hebt getrokken, zit er magie in de lucht. Probeer het niet te verklaren, dat lukt toch niet. Hier is de kracht van het ongekende aan het werk. Er staat iets bijzonders te gebeuren. Het diepere mysterie schuilt er echter in hoe je zult reageren op de schitterende synchroniciteit van dit alchemistische moment. Zul je het herkennen en gebruiken om je groei te bevorderen? Kun je het als een geschenk van de Grote Geest aanvaarden? Of ga je de kracht van het Grote Mysterie beperken door het te willen verklaren?

Het is wellicht tijd om Raaf te vragen als koerier op te treden voor een bedoeling, een beetje helende energie, een gedachte, of een boodschap. Raaf is de beschermer van rooksignalen of boodschappen van de geest in de vorm van rook. Wil je dus een boodschap sturen naar de Blauwe Weg van Geest, teneinde in contact te komen met de Ouden, roep Raaf. Of wie weet, roepen de Ouden jou wel.

Vergeet niet dat dit magische moment vanuit de leegte der duisternis kwam en dat jij het aan het licht moet brengen. Als je dit doet, zul je de tovenaar in jezelf eer bewijzen.

ONDERSTEBOVEN:

Raaf ondersteboven moet niet te licht worden opgenomen! Het kan betekenen dat de boemerang terugkeert. Als je iemand kwaad toegewenst hebt, pas dan maar op; je krijgt een koekje van eigen deeg. Als je niemand kwaad hebt toegewenst, kan omgekeerde Raaf je waarschuwen dat je nog geen ander bewustzijnsniveau kunt bereiken. Eerst zul je het huidige moeten beheersen. Op weer een ander plan kan Raaf je vertellen dat je de magie van het leven bent vergeten en dat je in een alledaagse sleur bent geraakt. Als je tevreden bent met deze sleur en je de buitengewone magie van je leven niet wilt ervaren, vraag Raaf dan om door je dromen te vliegen en je een beetje van zijn kracht te laten proeven. Als je dat doet, zul je waarschijnlijk nooit meer dezelfde zijn.

Omgekeerde Raaf kan ook een tijd voorspellen van niet goed doorkomende, verwarde boodschappen, die je niet kunt zien of horen omdat je 'intellect' maar blijft beweren dat magie niet bestaat. Als je vanwege je gebrek aan geloof in magie of wonderen geen verbeeldingskracht hebt of niet kunt doen alsof, kan heling niet plaatsvinden. Raaf kan op de deur naar je bewustzijn tikken wat hij wil, je zult zijn boodschappen niet ontvangen. Eerst zal het rookgordijn moeten optrekken en eerst zul je op zoek moeten gaan naar de rijken van verbeeldingskracht en bewustzijn waar magie huist.

Om Raaf weer op zijn pootjes te krijgen, zou je weleens de hulp van een ervaren sjamaan nodig kunnen hebben. Hij of zij zou het energieveld dat je hebt geschapen schoon kunnen vegen. Je moet misschien de negatieve energie blokkeren die iemand je momenteel toestuurt, of het kwaad ongedaan maken dat je een ander toewenste. Houd het zuiver! Dit is de boodschap wanneer de magie zich terugtrekt in rokerige schaduwen. Ga op zoek naar heling en naar zuivering van je bedoelingen. Reik dan naar de sterren en bewijs eer aan Moeder Aarde en alle andere levende dingen. Het feit dat je leeft, is magie. Raak hiervan doordrongen en vraag Raaf je te leren hoe je je energie het best kunt benutten. Grond je energie dan zodanig, dat manifestatie van magie kan plaatsvinden. Doe dit met liefde en eenvoud. Raaf zal je deze magische waarheid vertellen: grijp niet boven je macht. Het leven is goed, gebruik dus de magie om de hele Aardefamilie te helpen.

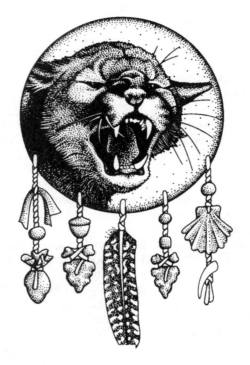

Bergleeuw...
     Oh koninklijke leider,
          met je zachte kattevel,

raak mijn hartje aan met moed,
     en luid dan de alarmbel,

opdat ik moge leiden,
     zeker, helder en oprecht,
          als de drager van de geest,
               van de kracht die in jou leeft.

17
Bergleeuw

LEIDERSCHAP

Als Bergleeuw je krachttotem is, zul je je vaak in een lastig parket bevinden. Je zult vaak het doelwit zijn van de problemen van anderen en je zult vaak de schuld krijgen van dingen die fout gaan. Verder zal het je verweten worden dat je altijd de leiding op je neemt wanneer anderen dit niet kunnen. Je zou weleens de volmaakte rechtvaardiging kunnen worden voor de onzekerheden van anderen.

De kracht van Bergleeuw houdt lessen in over het gebruik van macht als leider. Het is het vermogen om leiding te geven zonder erop te hameren dat anderen je volgen. Mensen met de kracht van Bergleeuw weten dat alle wezens op hun eigen manier potentiële leiders zijn. Deze grote kat heeft iets te melden over gebruik en misbruik van macht in invloedrijke posities.

Als je de elegante manier observeert waarop Bergleeuw aanvalt, kun je leren hoe je macht, intentie, lichamelijke kracht en gratie in evenwicht houdt. Voor ons mensen heeft dit betrekking op het evenwicht tussen lichaam, geest en ziel. De gigantische katachtige verspilt nooit iets. Hij doodt alleen wat hij nodig heeft om te overleven. De leeuwin is de jager die zorgt dat er iets op tafel komt te staan zonder dat dit haar al te veel energie kost.

Als Bergleeuw in je dromen is verschenen, is het tijd om voor je overtuiging uit te komen en om jezelf te laten leiden door je hart. Anderen kunnen ervoor kiezen je te volgen, waardoor de lessen zich zullen vermenigvuldigen. Als je de Bergleeuwkaart hebt getrokken, zou je gevraagd kunnen worden het doel achter je opvattingen te herzien. Misschien moet je ontdekken of je in je plannen al dan niet rekening houdt met een troep jongen die net zoals jij willen zijn of in je dromen willen delen. Als je al een leider bent, kan het erom gaan of de tijd is gekomen om de jongen uit het nest te gooien. Als de kracht van deze kat deel uitmaakt van je constellatie, word je als 'koning van de berg' beschouwd en zal je nooit worden toegestaan menselijk of kwetsbaar te zijn. Er zijn vele valkuilen, maar ook grote beloningen.

Als je de machtspositie inneemt die Bergleeuw je verschaft, moet je er voortdurend op bedacht zijn de vrede te bewaren. Het is echter onmogelijk het iedereen naar de zin te maken zonder tegen jezelf of tegen anderen te liegen. Zo is de menselijke aard nu eenmaal. De eerste verantwoordelijkheid van een leider is derhalve dat hij altijd de waarheid spreekt. Weet dit en leef ernaar, dan zal je voorbeeld navolging vinden bij alle jongen in de troep, zelfs bij de allerkleinste. *Verantwoordelijkheidsgevoel* is niets anders dan het *gevoel* dat je *verantwoord* kunt omgaan met elke situatie. Paniek maakt geen onderdeel uit van deze heilige kracht.

ONDERSTEBOVEN:

Als je Bergleeuwkaart ondersteboven ligt, ben je waarschijnlijk met vuur aan het spelen. Een leider die probeert leiding te geven met behulp van tirannie of dictatuur is de kracht van waarheid vergeten. De omgekeerde kracht van Bergleeuw kan je listig doen geloven dat alleen je eigen ideeën deugdelijk zijn. Kijk uit! Rome is aan deze denkwijze ten onder gegaan. Als dit aspect van de omgekeerde kracht niet op jou van toepassing is, kijk dan naar de andere boodschappen die Bergleeuw brengt als hij ondersteboven ligt.

Als je probeert onder je leiderschapsrol uit te komen, doe je dat misschien wel omdat het hele idee je misselijk maakt van angst. Dit is heel normaal voor iemand die nog nooit als leider optrad. Het is nu zaak de moed van Leeuw aan te roepen en een 'leeuwehart' te ontwikkelen.

Nog een boodschap van omgekeerde Bergleeuw is, dat je je niet in de luren moet laten leggen door een leider die misbruik maakt van zijn macht. Als je jezelf op weg wilt helpen om een krachtig leider te worden, stel dan vragen aan iedereen die je met gezag hebt bekleed. Kijk of zij over de kracht van Bergleeuw beschikken en of je in je eigen leidersrol kan groeien door te kijken hoe zij het goede voorbeeld geven.

Weiger je te verbergen in het hol van je eigen verlegenheid of onzekerheid en word Bergleeuw. Brul met overtuiging, brul met kracht, en vergeet niet te brullen van het lachen teneinde de kracht in evenwicht te houden!

Lynx...
Ook al ken je de geheimen
nog zo onvoorstelbaar goed,
van Droomtijd en tovenarijen,
zwijgen is wat je doet.

Moge ik leren om te zwijgen,
te observeren als de Sfinx.
Machtig maar stilzwijgend,
de helende kracht van Lynx.

18
Lynx
GEHEIMEN

Er wordt wel gezegd dat als je achter een geheim wilt komen, je de kracht van Lynx moet aanroepen. Jammer genoeg krijg je de zwijgende Lynx niet zo snel aan de praat. Als je met de sterke kracht van Lynx wordt geconfronteerd, wil dat zeggen dat je iets niet weet over jezelf of over anderen.

Lynx bewaart de geheimen van verloren gegane magische systemen en occulte kennis. Lynx kan zich door tijd en ruimte bewegen. Hij kan de Grote Stilte binnengaan om daar welk mysterie dan ook te ontrafelen. Lynx *bewaakt* geen geheimen, hij *kent* geheimen. Het probleem is, dat Lynx er niet erg voor te porren is erover te praten. Hij of zij gaat liever achter een vogeltje aan of gooit liever zand in je gezicht dan dat hij of zij rondjes om je heen rent.

De kracht van Lynx is een zeer specifiek soort helderziendheid. Als deze kracht sterk in je is, zul je mentale beelden krijgen van andere mensen en van de dingen die zij voor zichzelf of anderen verbergen. Je zult hun angsten zien, hun leugens en hun zelfbedrog. Je zult ook weten waar zij de schat verborgen hebben, als er sprake is van een schat. Je spreekt nooit over deze openbaringen – je weet gewoon.

De enige manier waarop je iemand met de kracht van Lynx informatie over jezelf kunt aftroggelen (voor het geval je bent vergeten waar je de schat hebt verborgen), is eerbied te tonen voor de gebruiken van zijn of haar traditie. Als je naar een zigeuner gaat met de kracht van Lynx, moet je je eerbied tonen door na de handlezing te *betalen*. Als je naar een Choctaw-sjamaan gaat, zal deze in je middenrif reiken of je met andere methoden uit zijn of haar traditie helpen. In ruil voor zijn of haar helende handelingen is een deken of een hoeveelheid tabak op zijn plaats. Deze handelwijze staat bekend als de wet van de Lynxmensen, en wordt onder meer in praktijk gebracht door Indiaanse, zigeuner-, soefi- en Egyptische culturen.

Als je de Lynxkaart hebt getrokken, kun je er zeker van zijn dat

er 'geheimen' rondzweven. Als dit je persoonlijke kracht is, zou je
naar je hogere zelf moeten luisteren. Wees stil en let op de
onthullingen die je ontvangt in de vorm van mentale beelden of
een hoge, zangerige stem in je innerlijk oor. Misschien zul je
informatie krijgen in de vorm van voortekenen. Je kunt er in elk
geval zeker van zijn dat Moeder Aarde je op de een of andere
manier een teken geeft. Als Lynx aan je deur klopt, luister dan.
Broeder of Zuster Lynx kan je iets leren over je persoonlijke kracht
en over dingen die je over jezelf bent vergeten. Lynx kan je leiden
naar verloren gewaande schatten, en je in verbinding brengen met
vergeten broeder- of zusterschappen.

Sommige sjamanen geloven dat de Sfinx van het oude Egypte
geen Leeuw was maar een Lynx. Deze Lynx zegt niet veel.
Raadselachtig glimlachend waakt de grote kat over het zand van de
eeuwigheid.

ONDERSTEBOVEN:
Als Lynx in de omgekeerde positie is verschenen, is het tijd om je
grote mond te houden. Met je gekakel heb je een geheim verklapt.
Schend je een heilig vertrouwen? Heb je je beloften gebroken?
Indien dit niet het geval is, heb je misschien jezelf een streek
geleverd door je nieuwste idee uit te blaten tegen een vriend van
een concurrent. Let op wat je zegt en probeer niet te roddelen of te
praten over je laatste verovering. Kijk eens of je in je huidige staat
kunt luisteren naar de verhalen of ideeën van een ander. Kijk eens
of je hiervoor werkelijke belangstelling kunt opbrengen. Op dit
niveau vertelt Lynx je dat je het vertrouwen van anderen waardig
moet worden. Dan zullen de geheimen ook voor jou beschikbaar
komen.

Je zou ervoor kunnen kiezen eerst eens na te denken voordat je
iets zegt, of misschien moet je je tong wel afbijten. Je lijdt aan het
'ik-weet-alles-syndroom'. Goed, als je wilt praten, naai dan je oren
dicht. Als je praat, kun je immers niet horen of leren. Lynx is een
harde heelmeester. Als je een geheim hebt verklapt, maak dan je
borst maar nat voor de gevolgen.

Word Lynx en glimlach als Mona Lisa. Alleen jij zult weten
waarover je glimlacht. Je hebt je tong in bedwang.

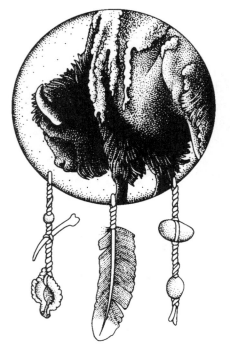

Buffel...
   Jij brengt ons
      de gaven van het leven.

Verhoor onze gebeden.
   Rook stijgt op
      als Feniks.

Wij zijn opnieuw geboren
   in de heilige woorden.

19
Buffel
GEBED EN OVERVLOED

In de Lakota-traditie was de Witte Buffelkalf-Vrouw degene die de heilige pijp naar de mensen bracht en hun leerde hoe ze moesten bidden. In de kop van de pijp werd tabak gestopt, een plant met mannelijke en vrouwelijke kracht. De steel van de pijp symboliseerde de man die de vrouw penetreert en leven zaait. Het samenkomen van het mannelijke en het vrouwelijke bracht de verbinding met de goddelijke energie van de Grote Geest tot stand. Terwijl de pijp met tabak werd gestopt, werd aan alle dingen en wezens in de natuur gevraagd in de pijp te komen om delend in haar kracht een gebed en lofprijzing naar de hemel te laten opstijgen. De rook werd beschouwd als visueel gebed, en als zeer heilig en zuiverend.

Alle dieren zijn heilig, maar Witte Buffel is in vele tradities het heiligste dier. De verschijning van Witte Buffel is een teken dat gebeden verhoord worden, dat de heilige pijp geëerd wordt en dat voorspellingen zullen uitkomen. Witte Buffel kondigt een tijd van overvloed aan.

Buffel was de belangrijkste bron van levensonderhoud voor de Indianen van de *Great Plains* in Noord-Amerika. Buffel leverde vlees om te eten, huiden om warme en zachte kleding voor de lange winters van te maken en hoeven om lijm uit te winnen. De kracht van Buffel bestaat uit gebed, dankbaarheid en lof voor hetgeen ontvangen werd. De kracht van Buffel weet ook dat *overvloed* aanwezig is wanneer alle dingen en wezens als heilig worden vereerd, en wanneer dankbaarheid jegens elk levend deel van de schepping tot uitdrukking wordt gebracht. Buffel sloeg niet onmiddellijk op de vlucht voor jagers. Hij wenste de gaven die zijn lichaam verschafte te schenken, en was bereid op Aarde ten goede gebruikt te worden voordat hij de jachtvelden van Geest binnentrad.

De kracht van Buffel gebruiken, is de pijp op gewijde manier roken. Het gaat erom de rijkdom van het leven te loven. Het betekent dat je deze rijkdom wilt delen met alle rassen, alle

schepselen, alle naties, en met al het leven. Het betekent roken
voor anderen, opdat in hun noden wordt voorzien, bidden voor
het goede van alle dingen in harmonie, en aanvaarden van het
Grote Mysterie als deel van deze harmonie.

Als je de Buffelkaart hebt getrokken, wordt wellicht van je
gevraagd je energie te gebruiken om te bidden. Er kan ook een
beroep op je worden gedaan om het werktuig te zijn van het
antwoord op het gebed van een ander. Dit zou een tijd kunnen
voorspellen waarin je de heiligheid erkent van elke levensweg, ook
al is deze dan verschillend van de jouwe. Dat je het pad van een
ander moet eren, ook al levert dat jou verdriet op, is een deel van
de boodschap die Buffel brengt. Dit zou een tijd kunnen zijn van
nieuwe verbondenheid met de betekenis van het leven en de
waarde van vrede. Wees ervan verzekerd dat deze tijd sereniteit te
midden van chaos zal brengen. Bid oprecht voor verlichting en de
kracht van kalmte, en wees dankbaar voor de gaven waarover je al
beschikt.

De kracht van Buffel is een teken dat je niets bereikt zonder de
hulp van de Grote Geest. Het is een teken dat je nederig genoeg
moet zijn om deze hulp in te roepen. Daarna is dankbaarheid
verschuldigd voor wat je ontvangt.

ONDERSTEBOVEN:
Als je Buffel ondersteboven ontvangt, is dit een teken dat je
vergeten bent hulp te zoeken toen je deze nodig had. Als je je hand
tot een vuist hebt gemaakt, kun je de weldadigheid van overvloed
niet ontvangen. Als je de betekenis van omgekeerde Buffel wilt
begrijpen, vraag je dan af:
1) Ben ik mijn eeuwige partner, de Grote Geest, vergeten?
2) Wil ik te snel vooruitkomen in de zichtbare wereld en ben ik
   daardoor blind voor het belang van hereniging met de Bron van
   al het leven?
3) Heb ik te weinig eerbied gehad voor anderen en hen niet
   gerespecteerd zoals ik zelf gerespecteerd wil worden?
4) Heb ik het gevoel dat mijn leven op het ogenblik volledig ten
   goede wordt benut?
5) Ben ik vergeten dankbaar te zijn voor mijn leven, bezittingen,
   talenten, vermogens, gezondheid, familie, of vrienden?
6) Is het tijd om vrede te sluiten met een ander, of om vrede te
   sluiten met het een of andere conflict in mezelf, zodat ik weer
   evenwichtig zal kunnen zijn?

Word Buffel. Voel hoe de rook van gebed en lofprijzing je Buffelmantel wit maakt, opdat je een antwoord kunt zijn op de gebeden van de wereld.

Muis...
    Als ik de wereld kon zien
    door jouw kleine ogen,
    misschien dat ik dan de details
    zou weten te onderscheiden.

    Want elk detail heeft zijn gewicht,
    en schept, het eigen doel getrouw,
    orde in het circus van de waanzin.

Muis

Muis zegt: 'Om iets te kennen, raak ik het aan met mijn snorharen.' Paradoxaal genoeg is dit zowel een grote kracht als een grote zwakte. Het is goed voor je om zaken van dichtbij te bekijken. Het is goed voor je om aandacht te besteden aan details, maar het is slecht voor je om elke kleinigheid in nog kleinere delen te ontleden.

Muis heeft vele roofzuchtige vijanden, waaronder vogels, slangen en katten. Doordat Muis voedsel vormt voor veel dieren, is zijn vermogen om overal gevaar te bespeuren hoog ontwikkeld. Onze zogenaamde beschaving is een ingewikkeld geheel van componenten. Om er je weg te vinden, heb je elk jaar meer organisatievermogen nodig. Steeds meer details moeten aan een nauwkeurig onderzoek worden onderworpen. De kracht van Muis kan je in deze moderne tijd goed van pas komen. Dingen die in de ogen van anderen onbelangrijk lijken, zijn voor Muis van levensbelang.

Mensen met de kracht van Muis veroorzaken nogal eens boosheid bij mensen met andere kracht, omdat ze zulke vitters lijken. Mensen met de kracht van Muis zullen het pluisje op je jas opmerken, zelfs als het dezelfde kleur heeft als je jas. Ze zullen je ervan proberen te overtuigen dat de eenvoudigste taak verschrikkelijk moeilijk is. Ze zijn gefixeerd op methoden. Ze sorteren, delen in naar categorie, en bergen op voor later. Het lijkt alsof ze aan het hamsteren zijn, maar dat is wel het laatste waarmee Muis zich bezighoudt. Ze zijn alleen maar alles op orde aan het brengen, zodat ze het later nauwkeuriger kunnen onderzoeken.

De opperhoofden vertellen ons dat er zonder Muis geen gesystematiseerde kennis zou bestaan. Met Muis kwam een einde aan de renaissance en begon het tijdperk van specialisatie. Muis wist al vanaf het allereerste begin dat er altijd meer te leren valt. Men kan altijd dieper en dieper en dieper graven.

Als je persoonlijke kracht die van Muis is, ben je misschien een beetje bang voor het leven. Je bent echter zeer goed georganiseerd

en hebt voor alles een vakje. Je zou moeten proberen je blikveld
eens te verruimen. Ontwikkel gulheid van geest. Probeer je bewust
te worden van de Grote Dans des Levens. Besef dat er meer
plaatsen zijn dan je woonplaats, dat er de maan is, het
zonnestelsel, de melkweg en een oneindig universum. Spring hoog,
kleine vriend. Dan zul je een glimp opvangen van de Heilige Berg.
 Als Muis in je kaarten is verschenen, vertelt de kracht van Muis
je dat je *nauwkeurig* moet gaan *onderzoeken*. Kijk zorgvuldig naar
jezelf en anderen. Misschien bevindt zich dat grote stuk kaas wel in
een val waar je niet levend uitkomt. Misschien zit de kat in de
provisiekamer op je te wachten. Misschien doet iemand aan wie je
gezag hebt toegekend, zoals een arts, advocaat of zelfs een
loodgieter, zijn werk niet nauwgezet. De boodschap is dat je goed
moet kijken naar wat zich voordoet en dat je je handelwijze daarop
moet afstemmen.

ONDERSTEBOVEN:
Muis in de omgekeerde positie kan je wellicht vertellen dat je te
veel tijd besteedt aan zaken van groot gewicht, terwijl je eigenlijk
een parkeerbon zou moeten betalen of je huis zou moeten
stofzuigen. Je bent misschien slonzig geworden. Je hebt misschien
minachting ontwikkeld voor gezag en orde. Je bent misschien iets
aan het uitstellen dat onmiddellijk gedaan moet worden. Breng de
kracht van Muis in de chaos van je leven, en je zult spoedig alles
netjes hebben en piekfijn in orde.
 Een andere boodschap van de omgekeerde kracht van Muis kan
zijn, dat je je illusies maakt over je eigen belangrijkheid in het
leven. Vraag je je af waarom je geen lintje hebt gekregen?
Erkenning komt als je notitie neemt van de details van het leven en
als je je weg met nederigheid gaat. Vergeet niet dat alle goede
dingen naar hen toekomen die met inzet streven naar heelheid.
Kleine Muis moet het geheel zien, maar hij moet de informatie die
de samenstellende delen hem verschaffen beetje bij beetje
verwerken. Weidsheid kan verpletterend zijn. Verwardheid komt
voort uit 'te veel, te snel'. Kleine Muis kan elke taak aan, als hij
maar gebruik maakt van zijn onderzoekende kracht. Neem gas
terug en draai de omgekeerde kracht weer in de juiste positie. Zit
niet langer je staart achterna en raak niet meer in verwarring in het
doolhof. Begin de details te observeren van je huidige weg.

Uil...
   Magie,
      voortekenen,
         tijd en ruimte.

Komt de waarheid aan het licht?

Heilige vogel,
   verjaag misleiding
      in je stille vlucht.

Uil

MISLEIDING

De kracht van Uil wordt symbolisch geassocieerd met
helderziendheid, astrale projectie en magie, zowel zwarte als witte.
Uil wordt op de wielen van kracht van verscheidene Indiaanse
leraren uit Amerika *Nachtadelaar* genoemd. Uil bevindt zich
volgens de traditie in het Oosten, de plaats van verlichting. Sinds
onheuglijke tijden is de mensheid bang geweest voor de nacht, de
duisternis en het onbekende. Angstig wacht zij op het eerste
straaltje ochtendzon. De nacht is echter de vriend van Uil.

Uil jaagt 's nachts op zijn prooi. Uil kan niet alleen zien in het
donker, hij kan ook nauwkeurig vaststellen waar elk geluid
vandaan komt en waarvan het afkomstig is. Dit levert hem groot
voordeel op bij het zoeken naar voedsel. Uilen zijn nachtjagers.
Sommige inheemse volken zijn bang voor Uil, en noemen zijn
veren 'bedriegersveren'. De veren van Uil hoor je niet. Uil vliegt
geluidloos, maar zijn prooi weet precies dat hij met Uil te maken
heeft wanneer deze toeslaat met zijn vlijmscherpe snavel en
klauwen.

Uil is vaak de kracht van tovenaars en heksen. Als Uil jouw
kracht is, zul je je aangetrokken voelen tot magie en de duistere
kunsten. Je moet elke neiging weerstaan om zwarte magie of een
andere praktijk te bedrijven die energie wegneemt bij een mens of
bij een ander wezen. Als je de kracht van Uil hebt, zullen deze
nachtvogels geneigd zijn je op te zoeken, ook bij dag, omdat zij
zich met je verwant voelen.

Het is geen wonder dat Uil in vele culturen wordt beschouwd als
symbool van wijsheid. Uil kan immers zien wat anderen niet
kunnen zien, hetgeen de essentie is van ware wijsheid. Waar
anderen om de tuin geleid worden, ziet Uil en weet hij wat er aan
de hand is.

Athena, de Griekse godin der wijsheid, droeg altijd een Uil op
haar schouder. Deze openbaarde ongeziene waarheden aan haar.
Uil bezat het vermogen Athena's blinde oog ziende te maken, zodat
zij de hele waarheid kon spreken, en niet de halve.

Als Uil jouw persoonlijke kracht is, kan niemand je misleiden. Hoe hard iemand ook probeert te maskeren of te verbergen wat hij doet, jij zult het weten. Mensen vinden het misschien een beetje beangstigend om met je om te gaan. Velen hebben immers bijbedoelingen waar jij onmiddellijk doorheen ziet. Als je je niet bewust bent van deze machtige kracht, beschouw je je heldere inzichten en je vermogens misschien wel als vanzelfsprekend. Anderen doen dit echter nooit. Je maakt hen wellicht bang doordat je hun blindheid weerspiegelt en nooit voor de gek kan worden gehouden. Mensen met de kracht van Uil weten meer over het innerlijk leven van iemand dan deze persoon zelf.

Als je de Uilkaart hebt getrokken, wordt van je gevraagd je scherpe, stille observatievermogen te benutten om een bepaalde levenssituatie bij intuïtie te kennen. Uil biedt zijn vriendschap aan en helpt je de gehele waarheid te zien. Uil kan je zijn boodschappen overbrengen tijdens meditatie of 's nachts via dromen. Let op de tekenen en voortekenen. De waarheid brengt altijd verdere verlichting.

ONDERSTEBOVEN:
Als Uil ondersteboven in je kaarten verschijnt, betekent dit dat iemand je ontzaglijk misleid heeft of dat je dit zelf hebt gedaan. Misschien wordt er hekserij of zwarte magie op je losgelaten. Misschien gebruik je zelf hekserij of zwarte magie om iets te bereiken, hoewel je eigenlijk zou moeten bidden en de Grote Geest om hulp zou moeten vragen. De boodschap is om vriendschap te sluiten met het duister in jezelf. Kijk diep in jezelf, dan zal het heldere licht van de dageraad je verlichten. Vraag dan jezelf waarover je in het duister verkeert. Hoe en door wie word je misleid? Heb je tegen *jezelf* gelogen over iemand of iets? Word je gigantisch misleid of alleen maar een klein beetje? Uil vertelt je een oogje te houden op je bezittingen en op degenen van wie je houdt. Denk eraan dat Uil altijd vraagt: 'Wie?'

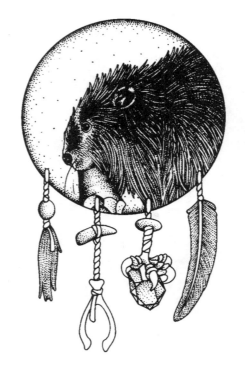

Bever...
    Leer me mijn dromen te bouwen,
      samen met anderen.

Eén geest,
    eén gedachte,
      harten die één zijn,
        dat is de les die jij mij geeft.

22

Bever

Bever is de *doener* in het dierenrijk. De kracht van Bever is verwant met de energie van water en aarde, en omvat een sterke betrokkenheid bij familie en huiselijke haard. Als je zou kijken naar de dammen in bosriviertjes, zou je verscheidene in- en uitgangen zien. Bij het bouwen van zijn huis legt Bever altijd vele alternatieve ontsnappingsroutes aan. Deze handelwijze is een les voor ons allemaal om onszelf niet in een hoek te (laten) drukken. Als we onze alternatieven elimineren, dammen we de ervaringenstroom van het leven in. Een doener wordt gekenmerkt door vlijt, en Bever weet dat produktiviteit door beperking vernietigd wordt.

Bever is uitgerust met zeer scherpe tanden, waarmee hij hele bomen kan vellen. Je kunt je voorstellen wat hij met de ledematen van roofdieren zou kunnen uitrichten. Aan de achterzijde is Bever voorzien van een peddelvormige staart, die goed van pas komt bij het zwemmen en tevens zijn achterwerk beschermt. Dit kleine zoogdier is goed toegerust om zijn bestaan te beschermen.

Om de kracht van Bever te begrijpen, zou je eens kunnen kijken naar de kracht van arbeid en eens kunnen nagaan hoe het voelt als je iets hebt bereikt. Je kunt niet in je eentje aan een droom bouwen, daar heb je een groep voor nodig. Om met een groep aan een doel te werken, is het nodig dat er ware groepsgeest heerst. Als deze present is, ontstaat er harmonie van de hoogste orde. Individuele ego's gaan elkaar dan niet in de weg zitten. Elke deelnemer aan het project heeft eerbied voor de talenten en capaciteiten van de anderen, en weet hoe hij kan bijdragen om hun gedeelte van de puzzel op te lossen. Door goed samenwerken wordt een groepsgevoel bereikt, waaruit weer eenheid voortkomt.

Als Bever in je kaarten is verschenen, kan het tijd zijn om je ideeën te gaan verwerkelijken of om een project af te maken waaraan je al een poosje niets meer hebt gedaan. De Beverkaart zou je ook kunnen vragen conflicten met collega's of vrienden tot een oplossing te brengen. Bever vertelt je uit te zien naar alternatieve oplossingen voor de uitdagingen in je leven. Bever vertelt je de creaties te beschermen waarin je je liefde en energie hebt gestoken.

Soms brengt Bever de waarschuwing dat je goed moet opletten wat er achter je rug gebeurt. De positie waarin de kaart ligt, zegt je of dit het geval is. Als de kaart in de Zuidpositie valt, herinnert hij het kind in jezelf eraan dat het goed is om vertrouwen te hebben, maar dat voorzichtigheid geboden is. Gebruik je onderscheidingsvermogen, dan zal alles in orde komen.

ONDERSTEBOVEN:

Als Bever zijn kop onder water heeft gestoken en ondersteboven ligt, wordt van je gevraagd open te staan voor kansen, en gewaar te blijven. Het zou ook een tijdperk van luiheid en apathie kunnen inluiden. Probeer uit te vinden waardoor de stroom wordt ingedamd, en doorbreek de impasse. De vragen die kunnen opkomen wanneer Bever omgekeerd ligt, zijn:

1) Ben ik vergeten ruimte te scheppen in mijn leven voor nieuwe ervaringen?
2) Ben ik bereid met anderen samen te werken?
3) Vind ik het vervelend om te moeten werken?
4) Druk ik mijn creativiteit uit in doen of in dromen?
5) Heeft mijn geest zoveel obstakels opgeworpen, dat ik nergens toe kom en me al een mislukkeling voel voordat ik ergens aan ben begonnen?

Mediteer op de vastbeslotenheid en bereidheid van Bever om te werken. Visualiseer het doel dat je wilt bereiken. Wees bereid met anderen samen te werken om dit te bereiken.

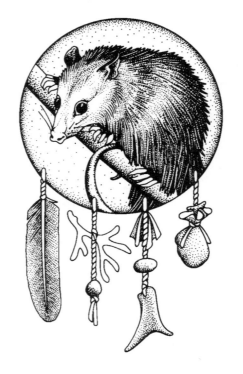

Buidelrat...
    Draai je om!
        Ben je werkelijk dood?

Of doe je alleen maar alsof?

    Zei ik iets dat in het verkeerde keelgat schoot?

23
Buidelrat

De beste manier van Buidelrat om zichzelf te beschermen is zich dood te houden. Als hij dit doet, denkt menig roofdier dat het spel is afgelopen. Vaak loopt de in de war gebrachte vijand weg, of kijkt even in een andere richting. Buidelrat is dan al op weg naar een veilige plek.

De kracht van Buidelrat maakt gebruik van een grote hoeveelheid strategie. Als al het andere faalt, houdt Buidelrat zich dood. Buidelrat is in staat zich met behulp van zijn klauwen en tanden te beschermen, maar vecht zelden. In plaats daarvan gebruikt hij voortdurend zijn voortreffelijke afleidingsmanoeuvre wanneer hij zaken niet meer in de hand kan houden. Buidelrat heeft een act ontwikkeld die een Oscar van het dierenrijk waardig is. Hij kan wanneer hij dit maar wil de muskus van een lijkenlucht uitscheiden. Dit verhoogt de uitwerking van het meesterlijke spel, en brengt vijanden volslagen in verwarring.

Als Buidelrat in je kaarten is opgedoken, wordt van je gevraagd strategie toe te passen in een huidige situatie. Vertrouw op je instincten om de beste manier te vinden om uit de klem te komen. Als je moet doen alsof je apathisch of onbevreesd bent, doe het! Als je weigert te strijden of te laten merken dat pijnlijke woorden je raken, zal je kwelgeest vaak geen lol meer aan zijn spelletje beleven. Krijgers hebben eeuwenlang de kracht van Buidelrat benut. Zij hielden zich dood wanneer de vijand met een overmacht naderbij kwam. Dan klonk plotseling, op een moment dat de vijand dit het minst verwachtte, de oorlogskreet. De angst die hierdoor veroorzaakt werd, droeg bij aan de verwarring waaraan de nietsvermoedende tegenstander inmiddels ten prooi was. De overwinning smaakt zoet wanneer de gebruikte strategie van zowel mentale als lichamelijke dapperheid getuigt.

Buidelrat geeft je wellicht door dat je het onverwachte moet verwachten en dat je slim moet zijn als je de overwinning wilt behalen. Het zou daarbij kunnen gaan om een overwinning op een vervelende vertegenwoordiger of op een nieuwsgierige buurman/buurvrouw. In wezen vraagt Buidelrat je je hersens en je gevoel voor drama en verrassing te gebruiken om over een obstakel te springen, richting vooruitgang.

ONDERSTEBOVEN:

Als Buidelrat ondersteboven ligt, kan hij je waarschuwen dat je niet in het scenario van je huidige levenstoneelstuk gevangen moet raken. Doordat je je ogen hebt gesloten voor alles behalve dit toneelstuk, zie je misschien de waarheid van een situatie niet. Misschien zwelg je in het melodrama in jezelf of anderen. Als je stelselmatig als een tragisch slachtoffer rechtvaardigt wat je doet, kun je je net zo goed dood houden. Als dit niet op jouw situatie van toepassing is, kijk dan eens naar de mogelijkheid dat je onlangs misschien uitvluchten hebt verzonnen om onder iets uit te komen in plaats van de waarheid te vertellen. Doordat je bang was de gevoelens van mensen te kwetsen, heb je jezelf misschien in een rechtvaardigingspatroon gemanoeuvreerd: 'Ik ben te ziek, te arm, ik moet op mijn gewicht letten, ik ben te klein, groot, verdrietig, moe, ik heb het te druk', enzovoort.

Als je jezelf met verontschuldigingen moet verdedigen, heb je misschien niet begrepen waar het om gaat. *Je hoeft je recht om er te zijn niet te verdedigen!* Wat je moet leren, is beleefd te zeggen dat iets je op dit moment niet zo goed uitkomt. Dat is alles! Je bent niemand verantwoording schuldig. Doe Buidelrat na en houd je dood, wat wil zeggen dat géén verdediging vaak de beste strategie is. Als je in staat bent niet in de verdediging te schieten, laat je merken dat je het recht hebt te zijn wie en wat je bent, en dat je geen spelletjes nodig hebt.

Als je afleidingsmanoeuvres goed gebruikt, weet je wanneer je ze niet hoeft te gebruiken. Je bent niemand verantwoording schuldig over wat je voelt of wat je wenst te ervaren.

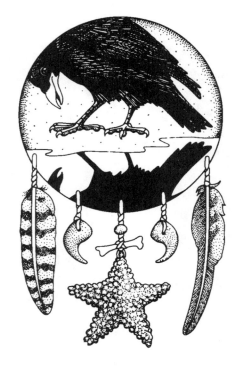

Kraai...
  Zit je te krassen,
    opdat ik weet
      wat het geheim is
        van evenwicht in mijn geest?

  Of dient je gekras
    om me te laten letten
      op het bestaan
        van universele wetten?

24
Kraai

WET

Er bestaat een verhaal dat gaat over de fascinatie die Kraai had voor
haar eigen schaduw. Ze bleef er maar naar kijken, eraan krabben,
ernaar pikken, totdat haar schaduw wakker werd en tot leven kwam.
Toen at de schaduw van Kraai haar op. Kraai is nu Dode Kraai.

Dode Kraai is de Linkshandige Bewaker. Als je Kraai diep in de
ogen kijkt, heb je de toegangspoort naar het bovennatuurlijke
gevonden. Kraai kent alle niet-kenbare mysteries van de schepping;
zij bewaakt alle heilige wetten.

Doordat Kraai de heilige wetten bewaakt, kan zij de wetten van
het stoffelijk universum naar haar hand zetten en zelf van vorm
veranderen. Dit vermogen is zeldzaam en uniek. Er bestaan heden
ten dage maar weinig ingewijden. Daarvan heeft slechts een
enkeling de vaardigheid om van vorm te veranderen onder de knie
gekregen. Tot deze kunst van Kraai behoort de verdubbeling, dat
wil zeggen het vermogen om *bewust* op twee plaatsen tegelijk te
zijn, waarbij een andere stoffelijke vorm wordt aangenomen.
Daardoor kan iemand de 'vlieg op de muur' worden teneinde iets
waar te nemen dat ergens ver weg gebeurt.

De Europeanen die naar Schildpadeiland kwamen, werden door
Langzame Schildpad de 'bootmensen' genoemd. Zelfs degenen onder
de bootmensen die verstand hadden van alchemie, hadden nog nooit
de machtige vormverandering gezien waartoe sjamanen in staat
waren die met de kracht van Kraai werkten. Veel bootmensen waren
bang voor de dierachtige wezens die naar hun kampen en woningen
kwamen om uit te vinden waaruit hun kracht bestond. Mensen met
de kracht van Kraai zijn meesters der illusie.

Alle heilige teksten staan onder bescherming van Kraai. Het *Boek
der Wetten* of *Boek der Zegelen* van de Schepper is gebonden in veren
van Kraai. De veren van Kraai vertellen over tot vlees geworden
geest. Kraai is ook de beschermer van de 'ogallah' of oude verhalen.

De Heilige Wetgordels, of Wampumgordels, bevatten kennis van
de wetten van de Grote Geest, en worden bewaard in de Zwarte
Huizen, de huizen van vrouwen. De Wampumgordels werden door

inheemse vrouwen met kralen versierd, lang voordat de bootmensen of Europeanen naar het Amerikaanse continent kwamen. Kraai is symbool van de wet volgens welke alle dingen uit vrouwen worden geboren. Kinderen wordt geleerd zich te gedragen volgens de regels van een bepaalde cultuur. De meeste religieuze systemen schrijven voor hoe een mens zich op wereldlijk gebied dient te gedragen. Doe dit en dat, en je zult naar de hemel gaan. Doe zus en zo, en je zult in de hel komen. Elk 'waar geloof' stelt andere eisen waaraan voldaan moet worden eer er van verlossing sprake kan zijn.

De door mensen gemaakte wet is niet dezelfde als de Heilige Wet. Kraai ziet duidelijker dan welke andere kracht ook dat de stoffelijke wereld en zelfs de spirituele wereld, zoals deze door mensen worden uitgelegd, een illusie vormen. Er zijn miljarden werelden. Er zijn oneindig veel schepselen. Grote Geest bevindt zich in al deze werelden en in al deze schepselen. Als iemand gehoorzaamt aan de volmaakte wetten van Kraai, die door de Schepper aan haar werden gegeven, zal zijn of haar dood vergezeld gaan van Goede Kracht. In zijn of haar volgende incarnatie zal deze persoon een heldere herinnering hebben aan zijn of haar verleden.

Kraai is een voorteken voor verandering. Kraai leeft in de leegte en heeft geen tijdgevoel. De Oude Opperhoofden vertellen ons dat Kraai tegelijkertijd verleden, heden en toekomst ziet. Kraai laat licht en donker samensmelten en ziet zowel innerlijke als uiterlijke werkelijkheid.

Als de kracht van Kraai in je kaarten verschijnt, moet je eens nadenken over je opvatting van de wetten van de Grote Geest met betrekking tot de wetten van de mensheid. De kracht van Kraai betekent kennis uit de eerste hand van goed en kwaad. Deze kennis is van een hogere orde dan de kennis die tot uitdrukking komt in de wetten die in de menselijke cultuur werden geschapen. Als je met de kracht van Kraai spreekt, spreek je met krachtige stem over gebrek aan harmonie, evenwicht, heelheid en rechtvaardigheid.

Denk eraan dat Kraai scheel tegen de wereld aankijkt. In de Maya-cultuur hadden schele mensen het voorrecht en de plicht om in de toekomst te kijken. Zet je angst om een roepende in de woestijn te zijn opzij, en 'kras' zodra je iets ziet.

Naarmate je leert om je *persoonlijke integriteit* als je gids te aanvaarden, zul je je minder alleen voelen. Als je je niet meer alleen voelt, kan je *persoonlijke wil* naar boven komen, waardoor je aan je waarheid zult kunnen vasthouden. Mensen met de kracht van Kraai moeten vooral opmerkzaam zijn op de relatie tussen hun meningen en hun handelingen. Wees bereid je denken en doen op elkaar af te stemmen, openlijk uit te komen voor jouw waarheid, de opdracht van je leven te kennen, en het verleden, heden en toekomst in het nu in evenwicht te brengen. Verander die oude werkelijkheid van vorm, en word je toekomstige zelf. Probeer met behulp van de ombuiging van stoffelijke wetten de van vorm veranderde wereld van vrede te scheppen.

ONDERSTEBOVEN:
Je hebt jezelf dus vogelvrij verklaard? Dat is een van de vele verschillende boodschappen van Kraai in deze positie. De rebel in je heeft het uitgeschreeuwd en de hel zal zo losbreken.

Een verstandig woord: als je op tenen hebt getrapt, zorg er dan voor dat er mensen achter je staan. Een rechtszaak heb je zo aan je broek als je te maken hebt met iemand met twee zwarte ogen. Dat gebeurt nu eenmaal wanneer Kraai in het spel is.

Als je niet van plan bent om het zover te laten komen, kan omgekeerde Kraai betekenen dat je alleen maar een beetje smokkelt met je dieet, of dat je je buren beloert als ze ruzie maken, of dat je denkt: 'Ik heb dit nu wel beloofd, maar dat wil nog niet zeggen dat ik het ook doe.' Welke situatie ook op jou van toepassing is, de enige verliezer ben je zelf. Als je ook maar over het geringste niet eerlijk bent tegenover jezelf, verlies je de kracht van Kraai. Denk er eens over na. Misschien komt je innerlijke waarheid dan wel naar je toe.

Om te kunnen zien wat waar is, moet je misschien oude opvattingen of ideeën uitwissen. Anders kun je niet aanwezig zijn in het moment. Omgekeerde Kraai spreekt over de noodzaak je te herinneren dat Goddelijke Wet *niet* bestaat uit veroordeling of verloochening van je eigen waarden. Goddelijke Wet eert harmonie die voortkomt uit een vredige geest, een open hart, een waar woord, een lichte stap, een vergevende aard en een liefde voor alle levende schepselen. Eer het verleden als je leraar, het heden als je schepping, en de toekomst als je inspiratiebron.

Als je weigert de veranderingen in je werkelijkheid te erkennen, kan dit emotionele pijn veroorzaken. Met rebellie gaat een implosie van energie gepaard. Omgekeerde Kraai vertelt van gebroken wetten. De wet van groei wordt gebroken door onderdrukking. Dit kan van toepassing zijn op een situatie, een oude gewoonte, een persoon die je met gezag hebt bekleed, of op je eigen angsten. Het gaat altijd om je eigen schepping, doe dus een beroep op Kraai en verander die schepping in je nieuwe werkelijkheid.

Vos...
    Waar ben je?
        Onder het gewas?
           Werd je een met het woud,
           opdat ik genas?

    Zit je te kijken,
        onzichtbaar voor mij?
           Moet ik een boom worden
           net als jij?

25
Vos

CAMOUFLAGE

Listige Vos heeft vele bondgenoten in het bos. Een daarvan is het gebladerte, dat bescherming en veel kracht biedt. Het lijkt wel of Vos in rook opgaat te midden van het weelderige kreupelhout. Deze flora is de bondgenoot van Vos. De gave om in de omgeving op te gaan en onopgemerkt te blijven komt goed van pas wanneer je anderen wilt observeren.

Een andere natuurlijke gave van Vos wordt gevormd door zijn vermogen zich aan de winter aan te passen door van kleur te veranderen, net zoals de kameleon. Wanneer er geen bladeren meer rondslingeren, stelt zijn volle, witte winterjas Vos in staat in de sneeuw op te gaan. De kracht van Vos heeft te maken met aanpassingsvermogen, vernuft, observatie, integratie, en met snelheid van geest en handeling. Verder is Vos een snelle beslisser en staat hij met vier poten stevig op de grond.

Doordat Vos min of meer onzichtbaar is, is hij de aangewezen kracht om de familie te beschermen. Als er gevaar dreigt, handelt Vos zonder dralen. Van Nanih Waiya, de naam voor Grote Geest in de taal van de Choctaws, heeft Vos de opdracht gekregen zijn familie veilig bij elkaar te houden. Hij krijgt dit voor elkaar doordat hij onopgemerkt kan observeren, waardoor anderen niet merken dat zij geobserveerd worden. Vos is altijd bezorgd over de veiligheid van familieleden; hij is een uitstekende talisman voor hen die ver van huis op reis zijn.

Als Vos ervoor gekozen heeft zijn kracht met jou te delen, is dit een teken dat je als de wind zult worden, onzichtbaar maar in staat in en door elke plaats of situatie te bewegen. Je zou er verstandig aan doen op dit moment meer te letten op wat anderen doen dan op wat ze zeggen. Gebruik je vernuftige aard op een positieve manier; vertel niet wie, wat en waarom je observeert. Als je de kunst van het camoufleren wilt leren, zul je je vermogens op de proef moeten stellen.

Het zou een goede oefening voor je zijn om te besluiten onzichtbaar te zijn. Je zou kunnen proberen om je lichaam te visualiseren als een deel van je omgeving, met de kleuren van de plaats waarin je je bevindt. Kijk naar jezelf met je geestesoog, en zie dat je je heimelijk en gracieus beweegt zonder dat anderen acht op je slaan. Als je dit goed doet, werkt het echt! Je kunt onopgemerkt een feest verlaten of zo onopvallend als een meubelstuk worden. Hierdoor kun je rustig kijken naar het toneelstuk dat je studie-objecten opvoeren.

Wat je óók leert als Vos je leraar is, is dat je vertrouwen kunt hebben in je vermogen om een volgende handeling te voorspellen. Als je je een poosje met observeren hebt beziggehouden, zul je merken dat vele situaties voorspelbaar zijn. Dit stelt je in staat snel stappen te ondernemen. De kracht van Vos onderwijst via haar begrip van camouflage de kunst van Eenheid. Dit is van toepassing op alle niveaus, van rotsen tot God. Als je de kracht van Vos hebt, wordt van je gevraagd toepassingsmogelijkheden te zoeken voor Eenheid. Als een cowboy tijdens een rodeo kan Vos de woedende stier beletten een vriend of familielid onder de voet te lopen. Vos kan de onnozelste tactiek aanwenden als briljante camouflagezet. Niemand die erg heeft in de listige kracht achter zulke vindingrijke manoeuvres.

ONDERSTEBOVEN:
Kijk uit voor listige Vos als deze kaart omgekeerd is verschenen! Het kan zijn dat iemand je gadeslaat en probeert uit te vinden wat je volgende zet zal zijn. Als je dieper kijkt echter, kun je erachter komen dat je naar jezelf kijkt teneinde jezelf te *bewijzen* dat je bestaat. Als je zo'n 'muurbloempje' bent geworden, dat je bijna bent verdwenen, zou je eens kunnen besluiten dat je aandacht waard bent.

Omgekeerde Vos is even dwaas als listig. Misschien heb je jezelf voor de gek gehouden door te denken dat je lage gevoel van eigenwaarde te wijten is aan het feit dat je er zo gewoontjes uitziet of zo'n gewoon leven leidt. Dit is camouflage van een andere soort. Dit is camouflage van je ware wens om het leven te ervaren met vrienden, met vreugde en met vastberadenheid. Hoe dan ook, je krijgt een waarschuwing dat je uit moet kijken voor apathie en zelfopgelegde verveling. Het kan zijn dat je diep moet graven om uit te vinden wat je genoeg opwinding verschaft om over het onvruchtbare land van je afgestompte zintuigen te snellen en te gaan *leven*.

Omgekeerde Vos kan je ook vertellen dat je *te* zichtbaar bent geworden. Het gebeurt wel vaker dat iemand die naar een positie is geklommen waarin hij herkend wordt, geconfronteerd wordt met de afgunst en jaloezie van anderen. Als je je aangevallen voelt, trek dan terug. Het is misschien tijd om je als kluizenaar te gaan gedragen en jezelf in de mantel van onzichtbaarheid te hullen.

Om omgekeerde Vos in deze situatie weer op zijn poten te krijgen, moet je een beroep doen op Gordeldier en je grenzen noemen. Doe dan een beroep op de beschermer van de familie, en vraag hem om je de kunst van het camoufleren te leren. Als je eenmaal uit de aanvalslinie bent, kun je weer de rol aannemen van je 'sluwe' zelf.

Word Vos. Voel de vreugde die ontstaat wanneer je de speelplaats van je leven kent. Misschien kom je tot de ontdekking dat het kippenhok vol intrigerende, verrukkelijke hapjes zit.

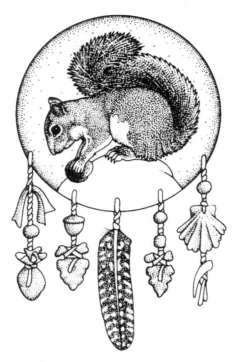

Eekhoorn...
Verzamelaar van
honderden noten,
jij weet precies
het aantal te begroten.

Ook ik wil slechts nemen
waaruit mijn behoefte bestaat,
vertrouwend dat Groot Mysterie
zal oogsten het zaad.

26
Eekhoorn

Eekhoorn leert je om van tevoren plannen te maken voor de winter, wanneer de bomen kaal zijn en er allang geen noten meer te vinden zijn. De kracht van Eekhoorn kan op vele manieren tot uiting komen, aangezien de aard van dit in bont geklede schepsel vele facetten heeft. Menig wanhopige jager is door het grillige gedrag van Eekhoorn al in het nauw gebracht. Het spreekt dus vanzelf dat het zo zijn voordelen heeft om met de snelheid van het licht rondjes op een tak te kunnen rennen. Dit grillige gedrag kan echter behoorlijk zenuwslopend zijn als je te maken krijgt met mensen met de kracht van Eekhoorn. Je kunt compleet gek worden als je probeert hen dusdanig te kalmeren dat er iets uit hun vingers komt.

De kracht van Eekhoorn is een grote gave. Je leert ervan hoe je energie moet verzamelen en opslaan voor tijden van nood. Je leert ervan dat je iets moet bewaren voor later, of het nu gaat om een oordeel, een mening, een spaarrekening, kaarsen, of extra voedsel. In een notedop: Eekhoorn is de Padvinder van het dierenrijk – altijd voorbereid.

In de wereld van vandaag, waarin veranderingen razendsnel plaatsvinden en het geluk zich van de ene op de andere dag tegen je kan keren, is het wijs je op de toekomst voor te bereiden. In alle voorspellingen is sprake van het einde van het millennium en de veranderingen die dit zal meebrengen. De kracht van Eekhoorn is een vriendelijke kracht, zeker gezien in het licht van eventuele toekomstige regenachtige dagen. De boodschap van Eekhoorn is dat je voorbereid moet zijn, maar dat je dit niet moet overdrijven. Houd genoeg van jezelf om te verzamelen waaraan je in tijden van schaarste behoefte zult hebben, zelfs als die tijd nooit komt.

Als Eekhoorn vandaag in je kaarten is gerend, kan het zijn dat je gezegd wordt je toekomst eer aan te doen door je voor te bereiden op verandering. De boodschap kan zijn dat je het gewicht van je last moet verlagen als je te veel 'dingen' hebt verzameld waar je *niets* aan hebt. Tot deze 'dingen' kunnen gedachten behoren, zorgen, spanningen, stress, of hebbedingetjes die al jaren stuk zijn. Bij verzamelen dient sprake te zijn van evenwicht; zo nu en dan zul je afstand moeten doen van iets dat je hebt verzameld. Ga naar een winkel van het Leger des Heils, en geef de hebbedingetjes aan iemand die er nog iets mee kan doen. Als iets je geen mogelijkheid tot groei meer biedt, is het tijd om los te laten.

Eekhoorn heeft nog een les te leren, die je op alles kan voorbereiden. Je moet dan wel het voor de hand liggende in acht nemen. Deze les heeft te maken met de veilige plek waar je je schatten moet bewaren. Deze veilige plek wordt gevormd door een sereen hart en een serene geest. De schatten die er opgeslagen worden, zijn wijsheid en zorgzaamheid. De energie die je hebt verzameld, zullen je hart en geest verlossen, waardoor je zult weten dat er voor alles te gelegener tijd gezorgd zal worden. Pas dit toe op je angsten voor de toekomst, en ze zullen verdwijnen.

ONDERSTEBOVEN:
De omgekeerde kracht van Eekhoorn is die van de hamsteraar: een vreesachtig iemand die op het ergste is voorbereid en niets anders doet dan daarop wachten. De valstrik wordt juist gevormd door wachten totdat er iets gebeurt. Geen actie betekent stagnatie. Een klein beetje van de grillige energie van Eekhoorn zou misschien voor wat beweging zorgen. Als Eekhoorn ondersteboven aan je tak hangt, zie je de wereld de laatste tijd misschien in het kader van tegenstellingen, koester je misschien je gedachten aan overvloed, zodat angst voor schaarste postvat. Je zou je eens kunnen afvragen:
1) Heb ik mijn vermogen om overvloed in mijn leven toe te laten niet genoeg ruimte gegeven?
2) Heb ik mijn verbinding met Moeder Aarde geloochend, met haar waaruit alle dingen voortvloeien?
3) Ben ik te snel gegaan, ongeconcentreerd, waarbij ik de grillige aard van Eekhoorn ten toon heb gespreid?
4) Verzamel ik geen kracht door voorbereid te zijn, maar raak ik mijn energie kwijt aan zorgen?

Denk eraan, een lid van de Eekhoornfamilie heeft ooit de energie van Adelaar verzameld en verbinding gemaakt met de Grote Geest. Deze Eekhoorn kan nu vliegen...

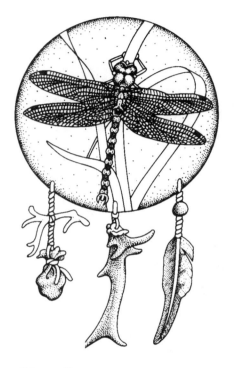

Waterjuffer...
    Breekt alle illusies,
        brengt visioenen van kracht.
            Geen bewijs nodig,
                het ligt in haar macht!

Weet het, geloof het,
    het is Grote Geest,

die je te eten
    en zegeningen geeft.

27
Waterjuffer

De kracht van Waterjuffer heeft te maken met de Droomtijd en de denkbeeldige façade die wij als stoffelijke werkelijkheid aanvaarden. Het kleurenspel van de vleugels van Waterjuffer brengt ons kleuren in herinnering die we niet uit onze ervaring van alledag kennen. De verandering van kleur, energie, vorm en beweging van Waterjuffer explodeert in de geest van de waarnemer, en brengt vage herinneringen boven aan een tijd of plaats waarin magie heerste.

Volgens sommige legenden was Waterjuffer vroeger Draak. Deze Draak had schubben die leken op de vleugels van Waterjuffer. Draak was vervuld van wijsheid. Hij vloog door de nacht om licht te brengen met zijn vurige adem. De adem van Draak bracht de kunst van magie voort en de illusie van veranderende vorm. Op een gegeven moment raakte Draak gevangen in zijn eigen schijn. Via een list kreeg Prairiehond Draak zover dat deze van vorm veranderde. De vorm van zijn nieuwe lichaam was die van Waterjuffer. Doordat hij inging op de uitdaging zijn kracht en magisch kunnen te bewijzen, verloor hij zijn kracht.

Waterjuffer is het wezen van de winden der verandering, van de boodschappen van wijsheid en verlichting, en van de mededelingen uit de wereld der elementen. Deze wereld bestaat uit de minuscule geesten van planten, en uit de elementen lucht, aarde, vuur en water. Deze wereld der elementen is in wezen vol natuurgeesten.

Als Waterjuffer vandaag in je kaarten is gevlogen, ben je misschien wel vergeten je planten water te geven. Op een ander niveau zou het kunnen betekenen dat je het voedsel dat je eet dankbaar moet zijn voor de kracht die het je lichaam schenkt. Op psychologisch niveau zou het kunnen zijn dat het tijd is de illusies die je hebt gekoesterd op te geven. Ze beperken je handelingen of ideeën.

De kracht van Waterjuffer vraagt altijd van je om de gewoonten op te sporen die verandering behoeven. Ben je te zwaar geworden, of zie je eruit als een vogelverschrikker? Heb je voldoende gestreefd naar de veranderingen die je in je leven wilde aanbrengen? Als je behoefte hebt aan verandering, doe dan een beroep op Waterjuffer. Deze kracht zal je door de mist van illusie leiden naar de weg van transformatie.

Kijk eens hoe je de kunst van illusie kunt toepassen op je huidige vraag of situatie. Vergeet niet dat dingen nooit helemaal zo zijn zoals ze eruitzien.

ONDERSTEBOVEN:
Probeer je jezelf of een ander te bewijzen dat je over macht beschikt? Zit je gevangen in een illusie die je ware gevoelens verzwakt of je vermogens verkleint? Als dit zo is, heb je je misschien 'duikbommenwerper-Waterjuffer' op de hals gehaald. Is dit de definitieve uiteenspatting van een dromerij die geen enkel doel diende? Kijk naar wat er in je omgaat en voel de energie die samengaat met je zelfgevoel. Ga na of deze energie aan het afnemen is en probeer uit te vinden wanneer je ertoe werd gebracht te geloven dat je gelukkiger zou zijn als je veranderde omdat een ander dit wilde. Als je je momenteel ellendig voelt, is dat een prima aanwijzing dat je je wil en persoonlijke integriteit bent kwijtgeraakt toen je wilde voldoen aan het beeld dat een ander van je had. Het idee dat je gelukkiger zou zijn als je op een andere dan je eigen manier zou leven, was een *illusie*. Als je niet trouw bent aan wat jij goed en waar voor jezelf vindt, geef je je kracht weg. Het is tijd dat je je kracht terugneemt.

Volg Waterjuffer naar de plek in je lichaam waar nog steeds magie leeft en drink met grote teugen van haar kracht. Deze kracht behoort jou toe. Het is de kracht om de illusie te worden. Dit vermogen is constant aan verandering onderhevig en bevat de wetenschap *dat je het allemaal zelf creëert.*

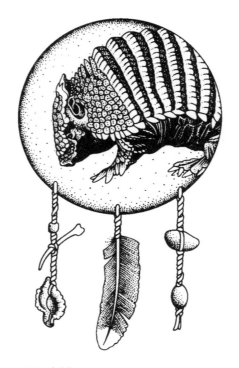

Gordeldier...

Versterk al mijn grenzen,
leer me wat mijn schilden zijn.
Kaats alle pijn terug,
zodat ik weerbaar zal zijn.

28
Gordeldier

GRENZEN

Gordeldier draagt zijn wapenrusting op zijn rug. Zijn kracht maakt
deel uit van zijn lichaam. Zijn veiligheidsgrenzen vormen een
gedeelte van zijn totale wezen. Gordeldier kan zich tot een bal
oprollen. Hierdoor kunnen vijanden nimmer tot hem doordringen.

Wat een fantastische gave om je grenzen zo te kunnen trekken
dat nare woorden of bedoelingen van je rug glijden. Gordeldier
leert je vast te stellen wat je bereid bent te ervaren. Als je je niet
overweldigd wilt voelen, hoef je alleen maar een beroep op
Gordeldier te doen.

Dit kun je bijvoorbeeld zo doen. Teken een cirkel op een stuk
papier. Stel je voor dat deze cirkel een Schild van Kracht is. Binnen
de cirkel schrijf je alles op wat je graag wilt hebben, doen of
ervaren. Schrijf ook alle dingen op waaraan je vreugde beleeft.
Hierdoor stel je grenzen vast waardoor uitsluitend die ervaringen
worden toegelaten waarvoor je hebt gekozen. Deze grenzen
worden tot een schild dat alles afweert wat voor jou ongewenst is.
Het schild weerspiegelt op een onbewust niveau aan anderen *wat je
bent* en *wat je wilt*. Buiten het schild kun je opschrijven wat je
'uitsluitend op uitnodiging' wilt ervaren, zoals bezoek van een
verloren gewaand familielid, of kritiek van vrienden, of mensen die
behoefte hebben aan aalmoezen.

Als Gordeldier je kaarten binnen is gewaggeld, is het tijd om je
ruimte af te bakenen. Je huis is misschien een busstation geworden
doordat jij bereid was dit te laten gebeuren. Je komt er misschien
achter dat je geen 'nee' kunt zeggen, ook al moet je de uitvoering
van je plannen achterwege laten om een ander een genoegen te
doen. Voor je het weet verwachten mensen van alles van je!
Je kunt jezelf wellicht eens de volgende vragen stellen:
1) Besteed ik genoeg tijd aan mijn persoonlijke genoegens?
2) Behandelen anderen me als een deurmat?
3) Waarom raak ik altijd overstuur wanneer anderen zich weinig
   aan mij gelegen laten liggen?
4) Is er een reden voor dat ik altijd 'ja' zeg?

Alle antwoorden op deze vragen hebben te maken met het definiëren van grenzen. Het gaat erom wat je wel en niet wilt doen, wat onbehaaglijk voelt en wat prettig. Hoe je reageert onder welke omstandigheden dan ook, hangt af van je vermogen objectief te zijn. Je kunt niet objectief zijn als je niet weet waar de persoonlijkheid van iemand anders eindigt en waar de jouwe begint. Als je geen grenzen hebt, lijk je wel een spons. Je zult het idee hebben dat alle gevoelens in een kamer vol mensen ook *jouw gevoelens moeten zijn*. Vraag je af of je werkelijk gedeprimeerd bent of dat dit gevoel eigenlijk thuishoort bij degene met wie je praat. Sta jezelf dan toe om de wapenrusting van Gordeldier tussenbeide te laten komen, waardoor je je zelfgevoel weer terugkrijgt.

ONDERSTEBOVEN:

Ga je gang, rol je op en verberg je maar. Dit is de sarcastische boodschap van omgekeerd Gordeldier. Je denkt misschien dat je in je huidige situatie alleen maar kunt winnen door je te verbergen of door net te doen alsof je gepantserd en onoverwinnelijk bent. Op die manier groei je echter niet. Je kunt je veel beter openstellen en de waarde en kracht van je kwetsbaarheid ontdekken. Dat zal je mooie ervaringen opleveren.

Als je jezelf toestaat kwetsbaar te zijn, zul je genieten van de gaven van het leven. Als je mag voelen van jezelf, zal veel moois je deel worden. Zo is een waarachtig compliment bijvoorbeeld een stroom energie die bestaat uit bewondering. Als je bang bent om gekwetst te raken en als je jezelf afschermt van elk gevoel, zul je nooit de vreugde voelen die bewondering van anderen je geeft.

Wat je moet doen, is Gordeldier toestaan om je te helpen uit je schuilplaats te komen en om jou zijn wapenrusting te lenen om negatieve energie af te weren. Op deze manier zul je in staat zijn om gevoelens, handelingen en energiestromen te aanvaarden of te verwerpen, zonder dat je je ervoor hoeft te verbergen.

De onderkant van Gordeldier is zacht, maar zijn wapenrusting zal deze zachtheid beschermen als de grenzen op de goede plaats getrokken zijn. Als je jezelf afschermt van je ware gevoelens en bang bent voor mislukking of afkeuring, zal de behoefte aan ondoordringbare bescherming *steeds groter* worden. Je hebt de kracht om je van deze twijfels te ontdoen en om contact te maken met je diepste wezen. Je zult weten dat het goed is wat je doet. Of je nu communiceert, schildert, of surft, jij bent de schepper van deze handelingen. Het enige dat echt afkeurenswaardig is, is weigeren de wapenrusting af te leggen waarmee je jezelf hebt beschermd. Is de wapenrusting een gevangenis geworden, en je angsten de cipier?

Das...
    Das...
        Das...

Gebruik je innerlijke kracht
    om je doelen te bereiken.
        In je ziel daar huist je macht.

29
Das

Das is gemeen, en valt op buitengewoon agressieve manier aan. Das is snel kwaad en slaat nog sneller zijn klauwen uit. De kracht van Das bestaat uit agressiviteit en de bereidheid om te vechten voor wat hij wil.

Alleen al de gedachte aan Das doet andere dieren op de vlucht slaan. Net als bij Stinkdier het geval is, snelt de reputatie van Das hem vooruit: zijn vlijmscherpe hoektanden zullen minder agressieve tegenstanders aan reepjes rijten.

Das is de kracht van menige machtige heelster, want Das is tevens de bewaker van geneeskrachtige wortels. Das ziet de wortels van alle helende kruiden van Moeder Aarde in zijn hol hangen. Deze wortels vormen een sleutel tot agressieve heling.

Wortels kunnen negatieve energie in de Aarde gronden door toe te staan dat ziekte via een lichaam de grond in gaat als neutrale energie. Mensen met de kracht van Das reageren snel in crisissituaties, en raken niet in paniek.

Als Das een gedeelte van je kracht is, zul je snel je gevoelens uiten, zonder je om de gevolgen te bekommeren. Mensen met de kracht van Das staan er vaak op om zelf de bal in het doel te schoppen. Deze houding maakt hen echter niet erg populair bij hun ploeggenoten.

De kracht van Das kan ook wijzen op de agressieve heler die de moed heeft ongebruikelijke methoden toe te passen om genezing af te dwingen. Das is bereid vol te houden, net zoals de moeder die dagenlang een ziek kind verzorgt.

Mensen met de kracht van Das kunnen venijnige roddelaars zijn. Als ze uit hun evenwicht zijn, hebben ze vaak zeer lange tenen. Je kunt er zeker van zijn, dat mensen met de kracht van Das agressief genoeg zijn om de top van het arbeidsterrein van hun keuze te bereiken. Ze geven immers nooit op! Ze zijn ook de beste heelmeesters, omdat ze geen enkele methode zullen uitsluiten om genezing te bereiken en omdat ze de zeer ernstig zieken nooit zullen opgeven.

Een Dasmens is vaak de 'baas' en degene die door iedereen wordt gevreesd. Dezelfde baas zal vast en zeker welk bedrijf dan ook laten floreren. Das krijgt het karwei voor elkaar. De zekerheid van Das is een bron van kracht.

Als Das zich vandaag in je kaarten heeft gedrongen, kan hij je vertellen dat je niet hard genoeg geprobeerd hebt een bepaald doel te bereiken. Das vraagt je hoe lang je denkt te blijven zitten wachten totdat de wereld je het geluk komt thuisbezorgen.

Bij deze kracht is het van belang dat je agressief genoeg wordt om iets aan de huidige stand van zaken te *doen*. Das leert je om op creatieve manier kwaad te worden en te zeggen: 'Ik pik het niet langer.' Als de woede voorbij is, moet je je oog op het doel gericht houden. Sla acht op het helende proces terwijl je deze gevoelens tot uitdrukking brengt.

Wees agressief, maar snijdt anderen in je agressie niet aan reepjes – dat is te veel agressie. Wend je woede aan om te stoppen met rondlummelen, zodat je door apathie veroorzaakte bedruktheid tot het verleden gaat behoren. De kracht van Das is zeer sterk als hij wordt gebruikt voor zelfverbetering.

Denk eraan dat Das een tijd zou kunnen voorspellen, waarin je je helende vermogens kunt gebruiken om vooruit te komen in het leven. Heel jezelf door op agressieve wijze de versperringen om te gooien die je groei belemmeren. Gooi alle ballast overboord en maak gebruik van de agressiviteit van Das om nieuwe niveaus van uitdrukking te vinden. Gebruik al doende de helende wortels van Das om gegrond en bij jezelf te blijven.

ONDERSTEBOVEN:

Oeps! Das komt eraan, ondersteboven en kokend van woede! Dit zou kunnen betekenen dat iemand je aan het uitkafferen is, of dat je je woede op een ongezonde manier hebt geuit. Als dit laatste op jou van toepassing is, vergeet dan niet dat *alle woede* voortkomt uit woede jegens jezelf. Het is de woede van machteloosheid, die op anderen wordt gericht.

Als je kwaad bent op een collega omdat deze de baas heeft verteld dat je op zoek bent naar een andere baan, ben je eigenlijk boos op jezelf omdat je je mond niet hebt gehouden. Als je kwaad bent op je kinderen omdat ze ongehoorzaam zijn, gaat het meestal om woede die voortkomt uit *bezorgdheid* over het welzijn van de kinderen. Van deze kwaadheid op jezelf is meestal sprake wanneer je tegen meubelen oploopt en andere 'ongelukjes' hebt waardoor je blauwe plekken en snij- en schaafwonden oploopt.

Das in de omgekeerde positie kan vooruitwijzen naar een tijd waarin je gaat nadenken over hoe het komt dat je je zo machteloos voelt. Is het je gebrek aan agressiviteit of initiatief? Is het je angst om verwenst of gekleineerd te worden als je met een nieuw idee komt? Misschien is het tijd om je te verdiepen in je eigen afgunst en jaloezie op mensen die bereid zijn via hard werken de top te bereiken.

Omgekeerde Das leert je te zien dat verlegenheid en onzekerheid valstrikken zijn die je zelf spant, net zoals verkeerd of gemeen gebruik van agressiviteit. Probeer bij je gevoel te komen – misschien moet je alleen maar even stoom afblazen. Als dit zo is, schreeuw dan in een kussen en geef het daarna eens een paar flinke stompen. Hierdoor zal Das zeker weer in evenwicht raken. De kracht van Das is geen gemakkelijke kracht. Er goed mee om leren gaan, is niet iedereen gegeven.

In een ander verband zou Das je kunnen oproepen kruiden en wortels te gebruiken om je lichaam te helen. Das ondersteboven kan je ook waarschuwen dat je je ervan bewust moet zijn, dat je soms de inbreng van de agressieve creativiteit van een ander nodig hebt om die van jou te laten vonken. Hoe dan ook, omgekeerde Das spreekt van de behoefte aan meer agressieve actie in je leven. Activiteit kan zegevieren zonder dat er pijn ontstaat.

Angstig klein Konijn...
Ren niet als een schicht!
Hollen stopt de pijn niet,
en maakt het zwart niet licht.

30
Konijn
ANGST

Lang geleden – niemand weet precies hoe lang – was Konijn een dappere en onverschrokken krijger. Konijn werd beschermd door Oogwandelaar, een heks. De heks en Konijn brachten veel tijd samen door, waarin ze veel samen deelden en veel met elkaar spraken. Ze stonden elkaar zeer na.

Op een dag waren Oogwandelaar en Konijn een stuk aan het wandelen. Ze gingen even zitten om uit te rusten. Konijn zei: 'Ik heb dorst.' Oogwandelaar pakte een blad op, blies erop, en gaf Konijn toen een kalebas gevuld met water. Konijn dronk het water op maar zei niets. Toen zei Konijn: 'Ik heb honger.' Oogwandelaar pakte een steen, blies erop, en de steen veranderde in een knol. Ze gaf de knol aan Konijn. Konijn proefde een hapje, en begon toen met smaak de knol op te eten. Maar nog steeds zei Konijn niets.

De twee vervolgden hun weg, die naar de bergen voerde. Toen ze bijna bij de top gekomen waren, struikelde Konijn. Hij viel en rolde bijna helemaal naar beneden. Konijn was er zeer slecht aan toe, toen Oogwandelaar hem bereikte. Ze smeerde Konijn in met een magische balsem, die zijn grote pijn en zijn gebroken beenderen heelde. Konijn zei niets.

Een paar dagen later ging Oogwandelaar op zoek naar haar vriend. Ze zocht in alle hoeken en gaten, maar kon Konijn nergens vinden.

Uiteindelijk gaf Oogwandelaar het op. Enige tijd later ontmoette ze hem geheel bij toeval. 'Konijn, waarom verberg je je voor me en ontwijk je me?' vroeg de heks.

'Omdat ik bang voor je ben. Ik ben bang voor magie,' antwoordde Konijn, terwijl hij ineenkromp. 'Laat me met rust!'

'Ik snap het,' zei Oogwandelaar, 'ik heb mijn magische krachten voor jou aangesproken en nu keer je me de rug toe en weiger je mijn vriendschap.'

'Ik wil niets meer te maken hebben met jou of je magische krachten,' zei Konijn hierop. Konijn zag helemaal niet dat Oogwandelaar tranen in haar ogen kreeg bij het horen van zijn woorden. 'Ik hoop dat we elkaar nooit meer zullen ontmoeten en dat ik je nooit meer zal zien,' vervolgde Konijn.

'Konijn,' zei Oogwandelaar, 'we waren ooit dikke vrienden en ware kameraden, maar nu niet meer. Ik bezit de kracht om je te vernietigen, maar vanwege ons verleden en de krachten die we samen gedeeld hebben, zal ik dit niet doen. Maar ik spreek een vloek over jou en je stam uit, die je vanaf nu zal treffen. Je zult vanaf nu je angsten aanroepen en je angsten zullen naar je toekomen. Ga maar weg, de zoete krachten die ons als vrienden samenbonden, zijn verbroken.'

Konijn is nu de Angstroeper. Hij gaat naar buiten en roept: 'Adelaar, ik ben zo bang voor jou.' Als Adelaar hem niet hoort, roept Konijn harder: 'Adelaar, blijf uit mijn buurt!' Adelaar, die hem nu hoort, komt naar hem toe en eet hem op. Konijn roept net zo lang om lynxen, wolven, prairiehonden, en zelfs slangen, totdat ze komen.

Zoals dit verhaal laat zien, zijn mensen met de kracht van Konijn zo bang voor tragedie, ziekte, rampen en 'genomen worden', dat ze deze angst juist aantrekken om hen een lesje te leren. Het kernthema is hier: datgene waaraan je weerstand biedt, zal voortduren! Je zult worden wat je het meest vreest.

Hier is de les. Als je Konijn hebt getrokken, houd dan op met te praten over de vreselijke dingen die er gebeuren. Schrap 'maar wat als' uit je woordenschat. Deze kaart kan een tijd voorspellen waarin je je zorgen maakt over de toekomst, of waarin je probeert controle uit te oefenen over datgene dat nog geen vorm heeft aangenomen – de toekomst. *Houd er onmiddellijk mee op!* Schrijf je angsten op en wees bereid ze te voelen. Adem ze diep in en voel dan hoe ze via je lichaam in Moeder Aarde stromen.

ONDERSTEBOVEN:
Konijn in de omgekeerde positie staat voor de verlammende angst die Konijn voelt wanneer hij wordt beslopen. Als je hebt geprobeerd een oplossing te vinden voor een levenssituatie, en je bent er niet in geslaagd, kun je je voelen alsof je midden in je beweging stil staat. Dit zou kunnen wijzen op een tijd waarin je moet wachten totdat de krachten van het universum weer in beweging komen. Het kan ook betekenen dat je even halt moet houden en rust moet nemen. Het zal altijd betekenen dat je opnieuw de waarde moet bepalen van het proces dat je momenteel

ondergaat, dat je je moet ontdoen van negatieve gevoelens, obstakels, of dwang. Om het eenvoudig te zeggen, je kunt geen invloed uitoefenen als je niet eerst de manier hebt veranderd waarop je aankijkt tegen de huidige omstandigheden.

Er is altijd een uitweg, uit welke situatie dan ook, omdat de Universele Kracht inderdaad in beweging zal komen. Of je erin zult slagen om oplossingen voor problemen te vinden, hangt af van de manier waarop je met deze problemen omgaat.

Neem een tip van Konijn aan. Houd je schuil in een veilige ruimte om jezelf te koesteren en je angsten los te laten, totdat het tijd is om weer de weide in te gaan, waar niemand meer rondsluipt die een stukje van je sappige energie wil stelen.

Hé, broeder Kalkoen!
Jij bent zo gul met geven,
van alles wat je bent,
opdat anderen kunnen leven.

31
Kalkoen

Veel inheemse volken beschouwen Kalkoen als Adelaar van het
Weggeven of Adelaar van het Zuiden. De filosofie van weggeven
werd door vele stammen in praktijk gebracht. Eenvoudig
uitgedrukt bestaat zij uit de diepe en duurzame erkentelijkheid
voor zowel eigen opoffering als die van anderen. Mensen in de
huidige consumptiemaatschappij, die veel meer bezitten dan ze
nodig hebben, zouden het gedrag van edele Kalkoen eens moeten
bestuderen, die zichzelf opoffert opdat wij kunnen leven. Doordat
Kalkoen sterft, leven wij. Eer Kalkoen.

Toeschouwers die niet vertrouwd zijn met het culturele
verschijnsel van de weggeefceremonie, worden er vaak door
misleid. Een stamlid kan rustig alles weggeven wat hij of zij bezit,
teneinde het Volk te helpen. In het moderne stadsleven wordt ons
geleerd bezit te verwerven en vooruit te komen. Degene die het
meeste speelgoed heeft, wint het spel. In sommige culturen kan
niemand het spel winnen, zolang aan de behoeften van het Volk *als
geheel* niet is voldaan. Een persoon die meer opeist dan zijn of haar
deel wordt als egoïstisch of gek of allebei beschouwd. Armen,
ouderen en zwakken bezitten eer. Degene die het meeste weggeeft
en de lasten van het Volk draagt, wordt het meest gerespecteerd.

Kalkoen was de kracht van vele heiligen en mystici. Wees blij als
je de kracht van Kalkoen bezit. Je beschikt over vele deugden. Je
hebt het 'zelf' getranscendeerd. Je handelt en reageert in het belang
van anderen. Je verlangt ernaar hulp te bieden aan hen die dit
nodig hebben en je doet dit niet vol eigendunk, uit moralisme of
godsdienstig schuldgevoel. Hulp en ondersteuning worden door
Kalkoen geboden vanuit de overtuiging dat al het leven heilig is.
Hij weet dat de Grote Geest in alle mensen huist. Hij erkent dat
wat je voor anderen doet, je ook voor jezelf doet. De kracht van
Kalkoen vindt haar fundament in waar ego of ik-bewustzijn, in
verlichting. Alle echt spirituele systemen hebben als boodschap dat
je je moet inzetten voor anderen, en dat je ervoor moet zorgen dat
je mensen te eten hebben.

Als Kalkoen in je kaarten is terechtgekomen, wordt je een geschenk gegeven. Wat voor soort geschenk hangt af van de ligging van de kaart. Het zou om een spiritueel, materieel of zelfs intellectueel geschenk kunnen gaan. Het geschenk kan groot of klein zijn, maar nooit onbetekenend. Gefeliciteerd. Misschien heb je zojuist de Staatsloterij gewonnen. Het geschenk kan ook een mooie zonsondergang zijn, of de geur van een welriekende bloem. Aan de andere kant zou je ook de 'geest om te geven' in je kunnen voelen groeien, die van je verlangt dat je met anderen deelt.

ONDERSTEBOVEN:
Er zitten verschillende aspecten aan de omgekeerde schrokkerkaart. Schrok je alles, wat het ook is, naar binnen uit angst voor gebrek? Ben je vrekkig en weiger je een gulden aan liefdadigheid uit te geven? Het kan best zijn, dat de *Scrooge* in je gewend is geraakt aan het vrekkige aspect van leven. Als dit niet zo is, zou je eens kunnen kijken of je bang bent om op dit moment geld uit te geven. Een ander aspect van 'omgekeerd schrokken' is het idee dat de wereld je iets 'verschuldigd' is en dat je de ontvangen energie niet opnieuw in de kringloop hoeft te brengen. Op alle niveaus van deze omgekeerde boodschap is het kernthema dat je verzuimt edelmoedigheid van geest te tonen. Aan jezelf of aan anderen.

Denk eraan, geef nooit om te ontvangen. Dat is manipulatie. Als je geeft, doe dat dan zonder spijt en met een blij hart, anders verliest het 'weggeven' zijn ware betekenis.

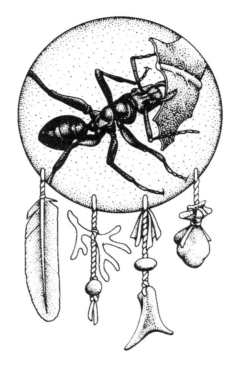

Oh, kleine Mier...
    Je geduld groeit
        als het zand van de tijden.

Net als jij wil ik worden,
    of is dat te onbescheiden?

32
Mier
GEDULD

Mier kan een blad over een afstand van kilometers vervoeren, alleen maar om het naar de mierenhoop terug te brengen. Mieren in Afrika zullen een bos kaal vreten wanneer voedsel schaars is, al hebben ze er een jaar voor nodig. De kracht van Mier is de strategie van het geduld. Mier is een bouwer, net zoals Bever; ze is zo agressief als Das, heeft het uithoudingsvermogen van Wapitihert, de onderzoekende geest van Muis, en schenkt weg als Kalkoen.

Elke Mier in de mierenhoop maakt deel uit van het 'groepsbewustzijn' van Mier, aangezien alle Mieren voor de Mierenkoningin en de gemeenschap werken. Zelfopoffering is een onderdeel van de kracht van Mier. Geduld is een nog grotere kracht dan de andere krachten van Mier.

Miermensen zijn actieve lieden met veel gemeenschapszin, voor wie duidelijk is wat de grotere toekomstige behoeften van hun stad zijn. Miermensen zijn planners, net zoals Eekhoorn. Ze zijn tevreden wanneer hun dromen beetje bij beetje werkelijkheid worden. In de huidige maatschappij is dat een zeldzame eigenschap.

In de woestijn leeft een soort Mier dat een hol graaft in de vorm van een omgekeerde kegel. Mier verbergt zich op de bodem en wacht rustig totdat het een of andere nietsvermoedende insekt in het hol valt. Terwijl het zand instort, valt de prooi uiteindelijk op de bodem, waar het terechtkomt in de opengesperde kaken van Mier.

Geduld wordt beloond!

Miermensen kennen de zoete smaak van de langdurig bevochten overwinning. Er bestaat bij hen geen ongerustheid over 'met lege handen' terugkomen, als ze het begin van een veiling hebben gemist. Ze zijn er zeker van dat ze, als hetgeen ze oorspronkelijk wilden hebben uitverkocht is, iets zullen vinden dat even goed of beter is.

Als je de kracht van Mier hebt, eet je langzaam en bedachtzaam.

Verder stemt het je tevreden te weten dat 'wat voor jou bestemd is naar je toe zal komen'. Deze kennis is helend. Vertrouwen dat het universum voor je zal zorgen, ligt eraan ten grondslag.

Als Mier vandaag de kronkelweg naar jouw kaarten heeft genomen, is het tijd om in een bepaalde levenssituatie een beetje vertrouwen en geduld te hebben. Je bent misschien vergeten dat je altijd zult ontvangen wat je nodig hebt, op een tijdstip dat je het het hardst nodig hebt. Als het niet aan de horizon of net om de volgende mierenhoop ligt, zul je misschien een beetje strategie moeten toepassen. Hoe kun je je scheppingskracht nuttig maken totdat 'het' arriveert – wat dit 'het' dan ook voor jou mag betekenen op dit moment?

Mier werkt aan het welzijn van het geheel. Doe jij dat ook? Als dat zo is, wees er dan zeker van dat het geheel hetzelfde welzijn voor jou wil, en dat erin zal worden voorzien.

ONDERSTEBOVEN:

Kijk uit! Hier komt de angel! Als je haast hebt, kun je ten prooi vallen aan hen die niet aan het welzijn van de gehele mensheid werken. Degenen die van hebzucht een manier van leven hebben gemaakt, azen op de vrees en de haast van hen die de natuur- en stamwetten zijn vergeten. Aan hen valt snel te verdienen! Als deze waarschuwing op jou van toepassing is, word je dan bewust van zwendelaars en andere mensen die misbruik van je maken.

Omgekeerde Mier leert je ook te *vertrouwen* op de natuurwetten. Als je hierop vertrouwt, zul je harmonie ervaren. Als je in je dwaze ongeduldigheid echter toestaat dat je paniek zwaarder weegt dan je rationele bewustzijn, zal Prairiehond je een handje komen helpen bij het saboteren van je plannen voor de toekomst. Bewijs eer aan de wil van de Grote Geest, dat is hier de sleutel. Bergen zijn niet van mierenhopen gemaakt.

Wezel...
　　Wezel...
　　　　Wezel...

Wie is in het kippenhok?
　　Als ik het aan jou vroeg,
　　　　zou je zeggen: 'Het is de bok!!!'

33
Wezel

Wezel beschikt over een ongelooflijke hoeveelheid energie en vernuft. Niettemin is het geen gemakkelijke krachttotem. Niet voor niets wordt hermelijn, de vacht van wezels, door vorstelijke personen gedragen. Wezeloren horen wat er werkelijk wordt gezegd. Dit vermogen komt niet vaak voor. Wezelogen kennen de vele vertakkingen van een gebeurtenis, doordat zij onder de oppervlakte schouwen. Ook dit is een zeldzame gave.

De opperhoofden zonden Wezel naar het kamp van de vijand om erachter te komen waaruit de kracht van de vijand bestond. 'Wat zijn de krachten van de vijand?' vroegen de opperhoofden aan Wezel bij zijn terugkomst.
    Wezel gaf altijd een nauwkeurig verslag van het aantal vijanden, hun krachten en hun zwakheden. Wezel was het ook, die met tranen in de ogen het Oorspronkelijke Volk vertelde van de komst van de blanke bootmensen. 'Deze broeders hebben vreemde nieuwe krachten,' zei Wezel. 'Ze zullen ons vertellen dat onze manier van leven fout is. Ze zullen ons in de war brengen. Ze hebben donder van Hemelvader gestolen en in hun wapens gestopt. Ze hebben geen respect voor onze broeders en zusters de dieren. Ze laten hun donder tegen de dieren spreken en maken hen dood. Ze zullen de donder ook tegen ons laten spreken. Ze zijn met ontelbaar velen. Deze blanke broeders zullen ons van alles beroven, behalve van onze zielen. De grote donkere schaduw van de roofzuchtige vogel van de dood is over het Volk gevallen.'

De vacht van Wezel verandert tijdens de seizoenen van kleur. Stille Wezel heeft je vele lessen te leren. Wezel zou Grote Geest in verwarring kunnen brengen, zijn zakken kunnen rollen en Grote Geest daarna kunnen achterlaten om naar zijn goddelijke navel te staren. Als dit je persoonlijke kracht is, beschik je over een scherp observatievermogen. Wat je uitstraalt is: 'Laat me met rust, dan laat ik jou ook met rust.' Zo nu en dan zou je zelfs een beetje schuldig kunnen kijken, vanwege de kennis die je hebt opgedaan door het leven te observeren. Je zou een eenling kunnen zijn, die zich voor anderen verbergt, of wellicht zelfs een kluizenaar. Als je in het bedrijfsleven werkt, ben je voor anderen een machtige bondgenoot, omdat je ziet wat de concurrentie doet. Mensen kunnen zich enorm vergissen wanneer ze je taxeren, aangezien je krachten niet onmiddellijk te zien zijn. Maar de eerste de beste keer dat ze proberen slimmer te zijn dan jij, zullen ze ervaren dat jij intelligenter bent dan zij.

Kijk naar de kracht van Wezel om achter de 'verborgen redenen' van iets te komen. Sommige mensen zijn afkerig van Wezels kracht, talent en vaardigheden, maar er bestaan geen slechte krachten. We bezitten allemaal kracht, anders zouden we hier niet zijn om Moeder Aarde te helen. Als je over de kracht van Wezel beschikt, zou je je geheime gaven misschien ten goede van iedereen kunnen aanwenden. Merk op wie of wat aandacht nodig heeft, of een oplossing, en bied dan op je eigen stille of bescheiden wijze hulp aan.

ONDERSTEBOVEN:

Ligt Wezel ondersteboven in je kaarten? Dan kun je intriges verwachten. Iemand is misschien bezig met heimelijke tactieken om in het kippenhok te komen. Wellicht moet je je deuren op slot doen en erop toezien dat je tienerdochter zich kleedt als een non. Of misschien lieg je tegen jezelf over iets waarvan je weet dat het waar is. Het kan gaan om een leugen op elk niveau. Je bestormt bijvoorbeeld om drie uur 's nachts de koelkast om een portie taart te verorberen en maakt jezelf wijs dat niemand dat stukje zal missen. Als je op een parkeerplaats een kras maakt op een auto, laat dan een briefje achter. Weersta de verleiding om er stiekem vandoor te gaan. Eerlijkheid jegens jezelf en anderen is van het allergrootste belang.

Een andere boodschap van omgekeerde Wezel is dat je moet vaststellen waarom je aan je gevoelens hebt getwijfeld. Wezel die op zijn vier pootjes staat, neemt alle handelingen, gevoelens en situaties waar met scherpe blik. Wezel ondersteboven verdooft het observatievermogen, met als gevolg dat verwarring optreedt. Wanneer je niet weet hoe je je voelt of wat er om je heen gebeurt, belemmert twijfel je voortgang. Er kan dan een beetje paranoia je leven binnensijpelen.

Als je de situatie weer in orde wilt brengen, schud dan allereerst de verdoofdheid uit je hoofd, en ga observeren wat in het oog springt. Als je kijkt waar je gaat, eer bewijst aan wat je weet, op zoek gaat naar 'verborgen redenen' en tegelijkertijd met bescheidenheid te werk gaat, kan niemand je voor de gek houden.

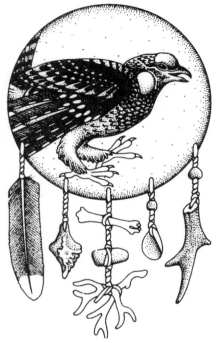

Korhoen... van de Heilige Spiraal,
jij gaat ons voor,
naar de eeuwige hoogten,

waar we één kunnen zijn, allemaal.

34
Korhoen

HEILIGE SPIRAAL

Korhoen kwam ooit in groten getale voor in heel Noord-Amerika.
Tegenwoordig worden deze vogels daar vrijwel nergens meer
gezien, zelfs niet op de vlakten, waar ze in overvloed aanwezig
waren. Veel Indianenstammen van de *Great Plains* dansen de
Korhoendans om deze vogel eer te bewijzen. De beweging van de
dans volgt een spiraal, het oude symbool van geboorte en
wedergeboorte, de geribde tunnel van eeuwige terugkeer.

De Heilige Spiraal is ook een van de oudste symbolen voor
persoonlijke kracht. Om je een voorstelling te maken van de kracht
van Korhoen, moet je je het beeld van een draaikolk voor de geest
halen. Of zelfs van een tornado, want de Heilige Spiraal zal je naar
het middelpunt leiden. De spiraal is een metafoor voor inzicht en
verlichting. De ingewijden die de Roep om een Visioen laten horen
schilderen vaak spiralen op hun lichaam. Ze geloven dat het Grote
Mysterie hun met visioenen van kracht en vastberadenheid zal
begunstigen vanwege dit symbool.

De dansende derwisjen uit bepaalde soefi-orden zijn ware
meesters in de spiraaldans. Via de herhaling van deze heilige
beweging bereiken zij hogere staten van bewustzijn. Er wordt
gezegd dat derwisjen naar het middelpunt van de spiraal kunnen
reizen en eruit terugkomen met de magische kracht van hun
keuze. Als je je in de derwisjstaat bevindt, ga je de Grote Stilte
binnen en communiceer je direct met de Schepper. Door snel met
de klok mee of tegen de klok in te draaien, trekt de dansende
derwisj bepaalde energieën aan of stoot hij bepaalde energieën af.
Soefidansen vormen een systeem dat iemand via rituele benadering
van beweging met de Goddelijke Bron verbindt.

Als de kracht van Korhoen zich in je kaarten bevindt, ga dan
eens mediteren op de verschillende eigenschappen van beweging
in je wereld. Begin met de zon te visualiseren als onderdeel van een
ontelbare menigte sterren die in de enorm grote, cirkelvormige
Melkweg ronddraait. Haal jezelf dan uit deze cirkel van licht en in
de spiraalvormige beweging van de dubbele helixstructuur van je
eigen DNA, dat wel iets weg heeft van een touwladder die in de
vorm van een kurketrekker is opgerold.

Analyseer de manier waarop je je door je wereld beweegt. Hoe zie je jezelf als je in beweging bent? Welke reactie roep je op met de energie die je het universum in stuurt? Met welke woorden zou je de manier beschrijven waarop je je door zowel de stoffelijke als de spirituele wereld beweegt? Is je beweging verenigbaar met je grootste wensen en doelen? Deze laatste vraag vormt de uiteindelijke analyse.

Veel spirituele orden vragen je alle beweging te staken, teneinde inzicht te krijgen in het innerlijk leven. De kracht van Korhoen is echter een uitnodiging om te dansen. Korhoen looft de Goddelijke Bron met de heilige spiraaldans. Korhoen geeft je *deze dans* ten geschenke. Het kan een mensenleven duren eer je de les van Korhoen onder de knie hebt, de les om je dans in harmonie te brengen met de kringlopen van Moeder Aarde, de les om deze dans aan te bieden als een schepping van onbaatzuchtige schoonheid.

ONDERSTEBOVEN:

Als je de Korhoenkaart omgekeerd hebt getrokken, wijst dit op verstrooiing van energie en op gebrek aan zeggenschap en discipline. Omgekeerde Korhoen staat symbool voor een verloren gegane verbinding met de Bron. Dit betekent dat er achter een uitbarsting van energie geen heldere bedoeling steekt. Je voelt je misschien alsof je je in een draaiende duikvlucht bevindt, alsof je door een afvoerbuis gezogen wordt. Ga de confrontatie aan met de verwarring in jezelf of in nabije anderen. Onderzoek de manier waarop jouw energie wellicht frictie of vonken veroorzaakt, of kronkels in een situatie die om opheldering vraagt. Streef ernaar je energie bruikbaar te maken en te richten op duidelijk omschreven doelen. Dat is de aard van de Heilige Korhoendans.

Als je deze heilige dans gebruikt als middel om omgekeerde Korhoen weer op de poten te krijgen, zul je ook merken dat het een middel is om je bij jezelf te houden of je te gronden. Terwijl je gegrond raakt, maak je weer contact met Moeder Aarde. Het nieuw verworven evenwicht doet de draaikolk in je hoofd stoppen. Als je zo betrokken bent geraakt bij een idee of probleem, dat je het niet langer helder ziet, kun je je duizelig voelen of gebrek aan concentratie vertonen. Dit is een teken dat je het gedachtenuniversum bent binnengegaan en dat je niet in verbinding staat met de stoffelijke werkelijkheid. Als dit zich voordoet, heb je er behoefte aan gegrond te raken.

Dansen of wandelen zal je weer voeling geven met de Aarde en met je lichaam. Korhoen kan je dan leren hoe je de energiestromen moet opmerken die je in harmonie en evenwicht brengen met lichaam, ziel en geest.

Machtig Paard...
Vermogen om te rennen
over open vlakten,

of om het visioen te brengen
van de schilden,
dansend in paarse droomregen.

35
Paard

'Paarden stelen, is kracht stelen,' was een veelgehoorde uitdrukking bij de oorspronkelijke bevolking van Amerika. Zij verwijst naar de gewaardeerde rol die Paard speelde in deze samenleving.

Paard is lichamelijke kracht *en* onaardse kracht. Sjamanen overal ter wereld worden door Paard in staat gesteld door de lucht te vliegen en de hemel te bereiken.

De mensheid maakte een grote sprong voorwaarts toen ze Paard temde. Dit was net zo belangrijk als de ontdekking hoe men vuur kon maken. Voordat Paard getemd werd, waren mensen aan de aarde vastgeklonken, zwaarbeladen en trage wezens. Toen ze eenmaal op de rug van Paard klommen, waren ze zo vrij en snel als de wind. Ze konden nu met gemak zware lasten over een grote afstand vervoeren. Door hun speciale relatie met Paard, veranderde de manier waarop mensen zich zelf zagen uitermate. De kracht van Paard was de eerste helende dierkracht van de beschaving. De mensheid staat enorm in de schuld bij Paard en bij de nieuwe kracht die hij bracht. De mens zou hele afstanden moeten lopen om zijn broeder of zuster te bezoeken, als hij, de ruiter met twee benen, niet welkom was geweest op de rug van Paard. Vandaag de dag drukken we het vermogen van motoren uit in paardekrachten, een term die herinnert aan de tijd waarin Paard een geachte en veelgeprezen partner van de mensheid was.

Droomwandelaar, een medicijnman, liep over de vlakten, op weg om een bezoek te brengen aan het gebied van de Arapaho's. Hij had zijn pijp bij zich. De veer in zijn lange zwarte haar wees naar de grond, een teken dat hij een man van vrede was. Droomwandelaar zag een kudde wilde prairiepaarden, die vanaf een heuveltop op hem af kwam rennen.

Zwarte Hengst kwam naar Droomwandelaar toe en vroeg hem of hij een antwoord zocht op zijn reis. Zwarte Hengst zei: 'Ik kom uit de Leegte waar Antwoord woont. Klim op mijn rug en ken de kracht die ontstaat bij het binnengaan van de Duisternis en het vinden van Licht.' Droomwandelaar bedankte Zwarte Hengst, en beloofde hem in de Droomtijd te bezoeken wanneer zijn kracht nodig was.

Vervolgens kwam Gele Hengst naar Droomwandelaar toe en bood aan hem naar het Oosten te brengen, de woonplaats van Verlichting. Droomwandelaar zou de antwoorden die hij daar vond, kunnen delen met anderen. Hij zou anderen kunnen onderwijzen en tot verlichting kunnen brengen. Droomwandelaar bedankte ook Gele Hengst, en zei dat hij deze geschenken van kracht op zijn reis zou gebruiken.

Rode Hengst kwam naderbij, speels steigerend. Hij vertelde Droomwandelaar over de vreugde die hij zou beleven wanneer hij werk en zwaarwichtige kracht in evenwicht zou brengen met de vreugdevolle ervaring van speelsheid. Hij herinnerde Droomwandelaar eraan, dat deze de aandacht van zijn leerlingen beter zou kunnen vasthouden wanneer hij humor in zijn lessen verwerkte. Droomwandelaar bedankte hem en beloofde het geschenk van vreugde niet te vergeten.

Droomwandelaar naderde zijn bestemming. Het gebied van de Arapaho's was nu vlakbij. Witte Hengst kwam helemaal naar voren. Droomwandelaar klom op de rug van Witte Hengst. Witte Hengst bracht de boodschappen van alle andere paarden. Hij vertegenwoordigde de kracht van wijsheid. Dit prachtige paard was de belichaming van het evenwichtige schild van kracht. 'Misbruik van kracht zal nooit tot wijsheid leiden,' zei Witte Hengst. 'Jij, Droomwandelaar, hebt deze reis gemaakt om een broeder in nood te genezen, om de heilige pijp te delen en om Moeder Aarde te helen. Jij hebt door nederigheid te betonen de kennis verworven dat je een werktuig bent van de Grote Geest. Zoals ik jou op mijn rug draag, draag jij de noden van de mensen op jouw rug. Met jouw wijsheid begrijp je dat kracht niet zomaar wordt gegeven, maar wordt toegekend aan hen die bereid zijn op evenwichtige wijze verantwoordelijkheid te dragen.'

Droomwandelaar, de sjamaan, was door het bezoek van de wilde paarden geheeld. Hij wist dat zijn reis naar de Arapaho's een bedoeling had, namelijk deze geschenken met hen te delen.

Als je de kracht van Paard begrijpt, zie je misschien hoe je kunt streven naar een evenwichtig schild van kracht. Ware kracht is wijsheid die voortkomt uit de herinnering aan je hele reis. Wijsheid ontstaat uit de herinnering aan de wegen die je in andermans schoenen bent gegaan. Mededogen, zorg, onderwijs, liefde en bereidheid anderen te laten delen in je gaven, talenten en mogelijkheden, zijn de toegangspoorten tot kracht.

ONDERSTEBOVEN:

Als je ego in de weg is gaan zitten, kan het je zijn ontgaan dat anderen gebrek aan respect voor je hebben. Je kunt het daarentegen ook moeilijk hebben met mensen die misbruik maken van hun kracht. 'Zal ik iets zeggen? Moet ik hen op hun plaats zetten, of moet ik die wens onderdrukken?' vraag je je misschien af. Denk aan de keren in je leven dat je zelf uit de gratie was bij de Grote Geest, en betoon dan mededogen aan de broeders en zusters die nu in dezelfde positie verkeren. Als je een ander verplettert of je door anderen verpletterd voelt, herinnert Paard je in zowel de waardige als de omgekeerde positie er eenvoudigweg aan *hoe* je je schilden in evenwicht kunt brengen.

Als je erkent dat alle wegen gelijke geldigheid bezitten, zul je de macht en roem van de verenigde *familie der mensheid* zien. Dit is het geschenk van de Regenboogkrijgsman of de Regenboogkrijgsvrouw. 'Ik' heeft geen plaats in deze Wervelende Regenboog die ontstaat uit het Grote Mysterie. 'Ik' wordt vervangen door het universele 'wij'. Alle kleuren van de regenboog en alle wegen zijn één en worden ook als één geëerd.

Pas deze kennis toe en eis de kracht weer op die je hebt weggegeven door te vergeten uit mededogen te handelen. Maak jezelf los uit de huidige situatie. Begrijp dat ieder mens deze weg naar kracht moet volgen alvorens hij op de winden van bestemming kan galopperen.

Hagedis... wil je met me dromen?
En naar de sterren reizen?
Voorbij de plaats van tijd en ruimte
zijn visioenen die van verre komen.

36
Hagedis
Dromen

Hagedis zat lui in de schaduw van een grote steen, waar hij beschutting had gezocht tegen de zon die de woestijn met haar hitte verzengde. Slang kwam naderbij kronkelen, op zoek naar wat schaduw waarin hij zich zou kunnen oprollen om uit te rusten. Slang keek een poosje naar Hagedis, die zijn ogen van links naar rechts liet schieten onder zijn grote gesloten oogleden. Slang siste om de aandacht van Hagedis te trekken. Langzaam gingen de dromerige ogen van Hagedis open en hij zag Slang.

'Slang! Ik schrok van je! Wat wil je van me?' riep Hagedis.

Slang spoog zijn antwoord van zijn gespleten tong. 'Hagedis, jij neemt op het heetst van de dag altijd de beste schaduwplekjes in beslag. Dit is de enige grote steen in de wijde omtrek. Kunnen we de schaduw niet samen delen?'

Hagedis dacht een ogenblik na en stemde toen toe. 'Slang, je kunt ook in de schaduw komen zitten, maar je moet wel aan de andere kant van de steen gaan liggen en beloven dat je me niet zult storen.'

Slang werd een beetje boos. Hij siste: 'Hoe kan ik jou nu storen, Hagedis. Je zit alleen maar te slapen.'

Hagedis toonde zijn wetende glimlach. 'Oh Slang, je bent ook zo'n dom dier. Ik slaap niet, ik droom.'

Slang wilde weten wat het verschil was, en Hagedis legde uit: 'Wanneer ik zit te dromen, ga ik de toekomst binnen, Slang. Ik ga naar de plaats waar *toekomst* woont. Snap je? Zo weet ik nu dat je me vandaag niet zult opeten. Ik heb je gedroomd en ik weet dat je je vol gegeten hebt aan muizen.'

Slang was van zijn stuk gebracht. 'Inderdaad, Hagedis, je hebt helemaal gelijk. Ik vroeg me al af waarom je samen met mij in de schaduw wilde zitten.'

Hagedis lachte een beetje in zichzelf. 'Slang,' zei hij, 'jij bent op zoek naar schaduw, ik ben op zoek naar schaduwbeelden. In schaduwbeelden wonen de dromen.'

De kracht van Hagedis is de schaduwkant van de werkelijkheid,
waar je dromen onderzocht worden voordat je hun toestaat zich te
manifesteren in de stoffelijke werkelijkheid. Hagedis had ook de
mogelijkheid kunnen scheppen dat hij opgegeten zou worden, als
hij dat had gewild.

De kracht van Hagedis is de kracht van dromers. Of dromers je
nu dromen of niet, ze kunnen je altijd helpen om de schaduw te
zien. Deze schaduw kan bestaan uit je angsten, je hoop, of precies
datgene waartegen je je verzet. Waar de schaduw ook uit bestaat,
ze volgt je altijd, als een gehoorzame hond.

Als Hagedis zich vandaag een plekje in je kaarten heeft
gedroomd, kan het tijd zijn om eens te kijken wat er achter je aan
komt. Zijn het je angsten, is het je toekomst die probeert je in te
halen, of is het dat gedeelte van jezelf dat je zwakheden en
menselijke trekken niet wil zien?

Hagedis vertelt je misschien dat je aandacht moet schenken aan
je dromen en hun symbolen. Leg een droomdagboek aan en noteer
alles wat je je herinnert. Vergewis je ervan dat je aandacht schenkt
aan elk afzonderlijk symbool of terugkerend patroon. Als je je
dromen niet onthoudt, zou je de wekkerradio op 2.00 of 3.00 uur
's nachts kunnen zetten. Of je zou voordat je naar bed gaat veel
water kunnen drinken, zodat je wakker wordt van een volle blaas.
Dromen zijn zeer belangrijk. Schenk er aandacht aan.

ONDERSTEBOVEN:

Als Hagedis in de omgekeerde positie opduikt, heb je misschien
nachtmerries. Deze vormen een teken van innerlijk conflict. Kijk of
je in de nachtmerries een aanwijzing kunt vinden over de aard van
dit conflict. Wat zijn je gevoelens na een nachtmerrie? Adem goed
door deze gevoelens heen en laat de gewaarwordingen uit je
lichaam stromen. Zie de waarheid van wat je nachtmerries je in
overweging geven. Het kan eenvoudigweg de boodschap zijn dat je
je angsten het hoofd biedt en daarom geen nachtmerrie-achtige
gebeurtenissen in je dagelijks leven hoeft te ervaren.

Een andere boodschap van omgekeerde Hagedis kan zijn, dat je
misschien meer slaap nodig hebt of meer tijd om te dromen. Het
kan ook inhouden dat je niet genoeg droomt over je toekomst.

Verbeeldingskracht is het opstapje naar alle nieuwe ideeën en
scheppingen. Als je het droomproces bestudeert, zul je merken dat
het onbewuste *alle* boodschappen verwerkt die het gedurende de
dag heeft opgeslagen. Deze boodschappen kunnen bestaan uit

onderdrukte gevoelens, die innerlijke conflicten veroorzaken, of uit nieuwe ideeën of doelen, andere dimensies van bewustzijn, toekomstige gebeurtenissen, waarschuwingssignalen, of verlangens en hoop.

In zekere zin dringt omgekeerde Hagedis erop aan dat je je verbeeldingskracht aanspreekt om nieuwe ervaringen op te doen. Dit is noodzakelijk wanneer het leven saai of vervelend wordt. Aan de andere kant kan omgekeerde Hagedis ook van toepassing zijn op hen die te veel dromen en weigeren deze dromen als *werktuigen* te gebruiken om dezelfde visie in hun leven tot manifestatie te laten komen.

Alle bewustzijnsniveaus zijn via dromen toegankelijk. Vergeet niet, het leven is niet altijd wat het lijkt. Ben je de dromer? Of word je gedroomd?

Ren, Antilope...
    Leer me alles
        over actie
            en snelheid.

Snel,
    snel,
        opdat ook ik
            met gratie ren.

37
Antilope

ACTIE

Aan het begin der tijden, toen de 'Stam van Mensen' nog maar
klein was, zag Antilope dat de tweevoeters naakt waren, honger
hadden en met uitsterven werden bedreigd. De Stamouders
zouden spoedig van Moeder Aarde verdwijnen, als niemand in
actie zou komen.

Antilope kwam in actie. Zij ging het kamp binnen en riep alle
tweevoeters samen voor een Vergadering. 'Groot Mysterie heeft me
gezonden om jullie een les te leren. De les is dat jullie moeten
handelen. Er is niets om bang voor te zijn als je weet wat je moet
doen en het dan ook doet,' zei Antilope. 'En wat moeten we doen?'
vroeg het Volk.

'Als jullie naakt zijn en het koud hebben, zouden jullie mij
moeten doden en mijn huid moeten gebruiken om jullie warm te
houden. Dat is mijn geschenk aan jullie. Doe het.'

'We zullen het doen,' zei het Volk, 'maar wat moeten we aan onze
honger doen. We zijn uitgehongerd. Wat kunnen we doen om
onszelf te redden?'

'Als jullie honger hebben, zouden jullie mij moeten doden en
mijn vlees moeten eten. Het zal jullie voeden en sterk maken. Dat
is mijn geschenk aan jullie, een onderdeel van mijn evolutie. Daar
ben ik voor. Doe het.'

Antilope wist dat de mensheid de IJstijden zou overleven als het
Volk vlees zou leren eten. Voordat de grote ijsbergen in beweging
kwamen, was er fruit en groente in overvloed geweest. Het was
niet nodig geweest dat de tweevoeters de lichamen van hun
medeschepselen opaten. De clans van de tweede wereld aten
Antilope op. Terwijl de leden van het Volk het instinct en de
wijsheid van de schepselen met vier poten in hun lichaam
opnamen, leerden ze, via het wezen van elk schepsel, hoe ze
moesten overleven. Ze leerden dat ze nooit iets moesten verspillen
en dat ze nooit méér mochten nemen dan ze nodig hadden. Als de
nood aan de man kwam, wisten de tweevoeters hoe ze moesten
handelen.

Mensen knoopten de les van Antilope goed in hun oren. Dank zij Antilope handelden ze op de juiste wijze. Tot op de dag van vandaag slagen ze erin te overleven. Antilope bracht de mensen eerbied bij voor de geschenken van Groot Mysterie. Antilope leerde hun ook dat zij moesten vermijden in het wilde weg leven te vernietigen.

Antilope betekent kundige actie. Antilope is een symbool voor de voelsprieten van je haar, dat je aan Groot Mysterie vastmaakt langs lange koorden van licht. Als je naar Antilope kijkt, word je je bewust van je sterfelijkheid en van de korte periode die je maar op deze planeet bent. Met deze kennis in je achterhoofd, kun je je handelingen hierop afstemmen. Juiste handelingen doen het Grote Mysterie plezier. De kracht van Antilope is de kennis van de cirkel des levens. Omdat Antilope weet heeft van de dood, kan zij waarlijk leven. Actie is de sleutel en het wezen van leven.

Sinds het gloren der tijden zijn de krachten van Antilope in trek geweest en door sjamanen toegepast. Er hebben vele Antilopeclans bestaan. De macht van Antilopemensen is groot. De kracht van Antilope geeft je kracht van hart en geest, en het vermogen snel en beslissend te handelen om dingen voor elkaar te krijgen.

Als je je schaakmat gezet voelt, roep dan de kracht van Antilope aan. Als je je in de war gebracht voelt, als je helemaal in de knoop zit, zullen de krachten van Antilope tegen je spreken over de juiste manier van handelen, waardoor je bevrijding zult ervaren. Vele vernuftige oplossingen voor problemen worden door Antilope ingefluisterd. Luister en *treed handelend op.* Vooral dit laatste is van het grootste belang. Omgeef jezelf met de verlichting en geheime kennis van Antilope. Combineer deze twee met actie, dan zul je elk obstakel of elke hindernis op je weg kunnen nemen. Als Antilope je sterke persoonlijke kracht is en de Boom om bij jezelf uit te komen, moet je Grote Geest bedanken. Zeg wat gezegd moet worden. Je oordeel is gezond en je handelingen zullen succesvol zijn.

Luister altijd naar wat Antilope je te zeggen heeft. Als Antilope in je kaarten voorkomt, duidt dit op een boodschap met een hoger doel. Antilope bewapent je met de Boog van Gezag, en dwingt je te handelen in het belang van jezelf, je familie, je clan, je natie en uiteindelijk in het belang van Moeder Aarde. Antilope zegt: 'Doe het nu. Wacht niet langer.' Antilope weet wat er gedaan moet worden, en jij ook. Vat moed en spring. Je gevoel voor timing is volmaakt. Wanneer Antilope in je kaarten is gesprongen, moet je *nu* in actie komen. Jij bent de *kracht*.

ONDERSTEBOVEN:
Omgekeerde Antilope is een teken dat je niet luistert naar Grote Geest en niet handelt in overeenstemming met zijn wensen. Misschien neem je meer dan je toekomt. Van de omgekeerde kracht van Antilope word je gek en twistziek. Je zult vast en zeker besluiteloos zijn en niet weten welke richting je moet inslaan. Wellicht lieg je tegen jezelf of tegen anderen. Houd op met liegen, ook al denk je dat dit je uit de puree zal halen. Omgekeerde Antilope zal je bij elke bocht laten struikelen. Wees toch niet zo conventioneel en houd eens op met altijd maar anderen te volgen. Handel op eigen gezag. Laat het hart van Antilope krachtig in je slaan, dan zul je weten wat je moet doen. Als altijd is de boodschap: 'Doe het!' De angst voor het onbekende neemt af als je eenmaal in actie komt.

Omgekeerde Antilope kan je ook vertellen dat *een beslissing om te beginnen* nu noodzakelijk is. De hoofdoorzaak van uitstel is gebrek aan overtuiging. Om eer te bewijzen aan je *gekozen* bestemming, moet je je inzetten om te doen wat je 'verkondigt' dat je doet. Het wezen van Antilopemensen is, dat hun woorden en daden in overeenstemming met elkaar zijn. Praten maar niet doen, is omgekeerde Antilope in zuivere vorm.

Om omgekeerde Antilope weer overeind te zetten, zijn drie stappen noodzakelijk:
1) Ontwikkel het *verlangen* om iets te doen.
2) Neem het *besluit* om met dat iets te beginnen.
3) Doe het!

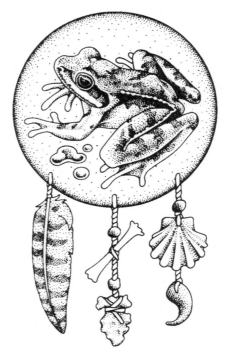

Zing, Kikker, zing!
Roep de regen,
les de droogte,
reinig de Aarde,

en vul me dan weer helemaal.

38
Kikker

ZUIVERING

Kikker zorgt er met zijn gezang voor dat het gaat regenen en dat het vuil op de wegen beter te verdragen valt. De kracht van Kikker is verwant met waterenergie en met het Oosten op het Medicijnwiel. Kikker leert ons eerbied te hebben voor onze tranen, omdat ze onze ziel zuiveren. Alle riten waar water aan te pas komt, zijn het terrein van Kikker, inclusief alle inwijdingen met behulp van water.

Water zuivert het lichaam en maakt het gereed voor een heilige ceremonie. De betekenis van het element water wordt duidelijk wanneer we aan de baarmoeder denken. Kikker is, net als het menselijk embryo, een kikkervisje in het vruchtwater; hij leert pas te springen nadat hij de vloeibare wereld heeft ervaren. De transformatie naar volwassenheid bereidt Kikker voor op zijn kracht om de regen aan te roepen, 'de wateren van de hemelen'. Doordat Kikker het element water kent, kan zijn gezang de regen naar de Aarde brengen. Wanneer de vijvers droog zijn, doet Kikker een beroep op de Donderwezens om de Aarde te zuiveren en weer te vullen met water. Van ons wordt gevraagd om, net als Kikker, te weten wanneer het tijd is om de schatkist van onze ziel te verkwikken, te reinigen en opnieuw aan te vullen.

Als Kikker in de kaarten is gesprongen die je vandaag hebt gekozen, laat zijn 'openbaring' misschien de zuivering komen die je nodig hebt. Als je zou moeten zeggen hoe je er momenteel voor staat, zou je dan een of meer van de volgende woorden nodig hebben om jezelf te beschrijven: moe, overbelast, gekweld, gefrustreerd, schuldig, hunkerend, zenuwachtig, het spoor bijster, leeg, of verzwakt?

Als dit het geval is, neem dan even pauze en dompel jezelf onder in het water van de kracht van Kikker. Je zou een lang, ontspannend warm bad kunnen nemen, of de stekker van de telefoon eruit halen, of 'stop' roepen, of diep en zuiverend inademen.

Waar het om gaat, is om uit te vinden hoe je jezelf ontdoet van verwarring, hoe je de modder vervangt door heldere energie. Vul dan je verdroogde ziel, lichaam en geest bij.

Mensen met de kracht van Kikker zijn in staat om steun en energie te geven aan hen die deze nodig hebben. Iemand met de kracht van Kikker kan elke omgeving van negativiteit zuiveren. Veel mediums of helderzienden die 'spookhuizen' zuiveren zijn dragers van de kracht van Kikker. Veel zieners doen water op hun handen wanneer zij andere werkelijkheidsgebieden willen binnentreden, omdat water een supergeleider is.

Tijdens sjamanistische verrichtingen bij de Maya's en Azteken speelt water ook een rol. De sjamaan neemt water in zijn mond, dat hij dan uitsprenkelt over het lichaam van een patiënt om dit van negatieve energie te zuiveren. Terwijl hij dit doet, denkt hij sterk aan de kracht van Kikker, zodat heling kan plaatsvinden en de patiënt vervuld kan raken van positieve energie. Soms bewaken gedroogde en opgevulde Kikkers het lichaam van de patiënt tijdens een sessie.

Via zijn regenlied spreekt Kikker van nieuw leven en harmonie. Van de diepe tonen van de 'openbaring' van Kikker wordt gezegd dat zij de Donderwezens aanroepen: donder, bliksem en regen. De 'openbaring' is de hartslag die in harmonie met Vader Hemel komt en vraagt om de noodzakelijke aanvulling. Roep Kikker aan en vind vrede in de vreugde die het geeft om tijd aan jezelf te besteden. Een gedeelte van de vreugde bestaat eruit dat je jezelf zuivert van *ieder mens, elke plaats of elk ding* dat niet bijdraagt aan je nieuwe staat van sereniteit en volheid.

ONDERSTEBOVEN:
Kikker is uitgegeleden in de modder en ligt op zijn rug. Hij is niet in staat zichzelf weer overeind te zetten. Maak je borst maar nat.

De omgekeerde positie van Kikker kan erop duiden dat je niet bereid bent het slijk uit je leven te dweilen. Modder kan veranderen van slijk in moeras, en van moeras in drijfzand, als je het effect van de modder op je huidige situatie niet onderkent.

Onttrekt iemand energie aan je? Sta je jezelf toe met deze persoon naar de bliksem te gaan? Heb je geprobeerd de ruzie van een ander te beslechten en ben je in de vuurlinie terechtgekomen? *Stop!* Zie in waardoor de lelievijver bevuild is geraakt. Zwem met Kikker. De bolle ogen van Kikker zien alles. Duik diep, en spring dan op het volgende lelieblad om van de zon te genieten. Op deze manier zul je misschien zien wat er precies energie aan je heeft onttrokken.

Soms is het leven in zijn geheel gewoon verpletterend; iedereen heeft zo nu en dan behoefte aan rust. Omgekeerde Kikker kan op zo'n moment wijzen, maar kan ook een tijd voorspellen waarin je je waterig zult voelen. Als je je waterig voelt, kan dat komen doordat je met te veel emoties of gevoelens van doen hebt. Dat wil zeggen dat de wereld je te veel is, of dat je je zo verdiept hebt in een idee of activiteit, dat je alle andere facetten van je leven hebt buitengesloten. Als dit het geval is, wordt een breuk met de sleur voorgesteld. Spring op een ander lelieblad, of bezoek eens een poosje een andere vijver.

Je trekt negativiteit aan wanneer je jezelf de tijd en de ruimte niet gunt om een nieuw gezichtspunt in te nemen. Kikker in de omgekeerde positie is een voorteken, het betekent dat je rampen zult uitlokken als je niet stilhoudt om de lelies te ruiken, een paar vliegen te eten, je in de zon te koesteren, en te 'openbaren' totdat de regen komt om je geest weer te vullen.

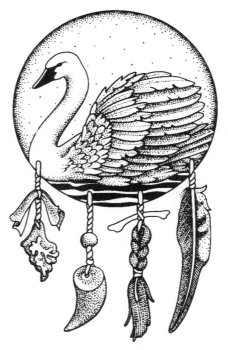

Zwaan...
    De kracht van de vrouw,
        die de Heilige Ruimte betreedt.

Die de toekomst aanraakt,
    en eeuwige genade brengt.

39

Zwaan

GRATIE

Kleine Zwaan vloog door de Droomtijd, op zoek naar de toekomst. Ze rustte een ogenblik uit in de koelte van een meertje. Ze keek zoekend om zich heen om uit te vinden waar de toegang tot de toekomst was. Zwaan was enigszins in verwarring. Ze was op haar eerste vlucht alleen per ongeluk in de Droomtijd terechtgekomen. Het landschap van de Droomtijd verontrustte haar een beetje.

Toen Zwaan omhoog keek, zag ze hoog boven Heilige Berg het grootste kolkende zwarte gat dat ze ooit had gezien. Waterjuffer kwam voorbij vliegen. Zwaan hield Waterjuffer aan om naar het zwarte gat te vragen. Waterjuffer zei: 'Zwaan, dat is de toegang tot de andere niveaus van verbeeldingskracht. Ik ben vele, vele manen de bewaker geweest van de illusie. Als je daar wilt binnengaan, zou je toestemming moeten vragen en het recht op toegang moeten *verdienen*.'

Zwaan was er niet zo zeker van of ze het zwarte gat wel wilde binnengaan. Ze vroeg Waterjuffer wat ze moest doen om het recht op toegang te verdienen. Waterjuffer antwoordde: 'Je moet bereid zijn om alles wat de toekomst in petto heeft te aanvaarden zoals het zich voordoet, zonder te proberen het plan van Grote Geest te veranderen.' Zwaan keek naar haar lelijk-eendjeslichaam en zei toen: 'Ik zal me graag onderwerpen aan het plan van Grote Geest. Ik zal niet vechten tegen de stroming van het zwarte gat. Ik zal me *overgeven* aan de stroom van de spiraal en *vertrouwen hebben* in wat ik te zien krijg.' Waterjuffer was erg blij met het antwoord van Zwaan, en liet de magie snel ronddraaien om de illusie van het meertje te breken. Plotseling werd Zwaan verzwolgen door een draaikolk in het midden van het meertje. Zwaan dook vele dagen later weer op. Ze was nu echter elegant en wit, en had een lange hals. Waterjuffer was verbijsterd! 'Zwaan, wat is er met jou gebeurd?!' riep Waterjuffer uit. Zwaan glimlachte en zei: 'Waterjuffer, ik heb geleerd mijn lichaam over te geven aan de macht van Grote Geest. Toen ik dat had geleerd, werd ik geleid naar de plaats waar de toekomst woont. Ik heb hoog op Heilige

Berg vele wonderen gezien, en doordat ik geloof en aanvaarding
toonde, ben ik veranderd. Ik heb geleerd de staat van genade te
aanvaarden.' Waterjuffer was erg blij voor Zwaan.

Zwaan vertelde Waterjuffer over de vele wonderen voorbij de
illusie. Doordat ze geheeld was en de staat van genade had
aanvaard, had ze het recht verkregen de Droomtijd binnen te gaan.

Zo leren we ons over te geven aan de gratie van het ritme van het
universum. Zo leren we uit ons stoffelijk lichaam te glijden om de
Droomtijd binnen te gaan. De kracht van Zwaan leert ons één te
zijn met alle bewustzijnsniveaus, leert ons te vertrouwen op de
bescherming van Grote Geest.

Als je Zwaan hebt getrokken, staat je een tijd te wachten van
veranderde staten van bewustzijn en van ontwikkeling van je
intuïtieve vermogens. Mensen met de kracht van Zwaan bezitten
het vermogen om in de toekomst te kijken, om zich over te geven
aan de macht van Grote Geest, en om de heling en transformatie
van hun leven te aanvaarden.

De Zwaankaart spoort je aan te aanvaarden dat je weet wat er in
het verschiet ligt. Als je je verzet *tegen* de transformatie van je zelf,
ontspan je dan; alles gaat veel gemakkelijker als je *met* de stroom
mee gaat. Ontken niet langer dat je weet wie er belt wanneer de
telefoon gaat. Schenk aandacht aan je voorgevoelens en aan je
innerlijk weten, toon eerbied voor je vrouwelijke, intuïtieve kant.

ONDERSTEBOVEN:
Als je de Zwaankaart in omgekeerde positie hebt getrokken, is dit
een waarschuwing dat je moet erkennen wat je weet. Houd er dus
mee op je gevoelens te ontkennen en zo gesloten te zijn. Misschien
loop je steeds tegen tafels en stoelen aan en vergeet je halverwege
een zin wat je aan het zeggen was. Als dit zo is, is dit een teken dat
je niet gegrond bent. Spring op je plaats, terwijl je de bovenkant
van je hoofd vasthoudt. Dit brengt je weer in contact met de Aarde,
zodat je niet meer met onscherpe blik in een dromerige
werkelijkheid zult ronddwalen. Warme baden helpen, en op blote
voeten lopen of tuinieren ook.

Hoe dan ook, omgekeerde Zwaan zegt dat je wat aandacht aan je
lichaam moet schenken. Je vliegt als een piloot zonder vliegbrevet,
als je niet meer weet wanneer je bent opgestegen *of* geland. Het is
heel normaal dat je de overgang van linker naar rechter hersenhelft
niet herkent wanneer je je spiritueel ontwikkelt. Het maakt

allemaal deel uit van de ontwikkeling van de intuïtieve kant van je aard, het is een teken dat je je niet bewust bent van je aankomst op andere bewustzijnsniveaus. Als je je geest ontwikkelt naar een hoger niveau, waag je je op nieuw gebied met eigen regels of universele wetten. In de wereld van Geest moet je nauwkeurig aandacht schenken aan het ongeziene. Misschien dat je op een enigszins andere manier voelt of gewaarwordt, maar dit gaat geleidelijk. Soms gaat de *overgang* verloren in de normale activiteiten van alledag, totdat je je high voelt. Op zo'n moment is het tijd om weer aansluiting te vinden met Moeder Aarde.

De oplossing voor Omgekeerde Zwaan is:

1) Kijk om je heen en raak de Aarde aan met je voeten, handen, of allebei.

2) Richt je op de *ene* werkelijkheid *of* op de *andere*; als je wordt geroepen om de Droomtijd te bezoeken, stop dan met wat je aan het doen was en wees stil. Ga de stilte binnen en beëindig het gebabbel in je geest. Wees ontvankelijk en open, zodat de boodschap je bewustzijn binnenkomt.

3) Als je alleen maar in gedachten verzonken, aan het dagdromen, of licht in je hoofd bent, moet je een of andere lichamelijke activiteit gaan ontplooien. Gebruik de rationele kant van je hersens om een lijst te maken met dingen die je moet doen, dat zal een einde maken aan het lawaai in je geest dat waarschijnlijk de oorzaak is van de verwarring.

Dolfijn...
    Adem met mij.
       Adem van het Goddelijke,
          manna van het Universum.
              In Eenheid omstrengelen wij elkaar.

40
Dolfijn
MANNA

Dolfijn spreekt tegen ons over de levensadem, het enige waar de mens slechts een paar minuten buiten kan. We kunnen dagen zonder water en voedsel, maar zuurstof is onze werkelijke voedingsbron. In de adem ontmoeten we het ritme van de energie die door al het leven wordt uitgestraald. Door de snelheid of het ritme van onze adem te veranderen, kunnen we contact maken met elke andere levensvorm of elk ander schepsel. Dit is een heel gemakkelijke manier om verbinding te krijgen met zowel goddelijke energie afkomstig van Grote Geest, als met je eigen persoonlijke ritmen.

Dolfijn bewaakt de heilige levensadem en leert ons hoe we emoties kunnen loslaten door als Dolfijn te ademen. Dolfijn schept ritme. Dolfijn ademt in alvorens onder water te duiken. Onder water houdt Dolfijn de adem in. Als hij weer bovenkomt, blaast hij zijn adem uit met het geluid van een knallende kurk. Wij kunnen van deze techniek gebruik maken om een einde te maken aan onze spanningen, en om complete ontspanning te bereiken. Het is goed deze oefening te doen voordat je de stilte binnengaat.

Manna is levenskracht. Manna is aanwezig in elk atoom, het is het wezen van Grote Geest. Dolfijn leert ons om levensmanna door middel van onze adem te gebruiken. Het geeft nieuw leven aan elke cel en elk orgaan, en breekt de grenzen en dimensies van de stoffelijke werkelijkheid af, zodat we de Droomtijd kunnen binnengaan.

Op een dag bereisde Dolfijn de oceanen, terwijl Grootmoeder Maan bezig was het patroon van de getijden te weven. Grootmoeder Maan vroeg Dolfijn haar ritmen over te nemen, zodat hij zijn vrouwelijke kant zou kunnen openstellen voor haar zilverachtige licht. Dolfijn begon te zwemmen op het ritme waarmee zij haar getijden weefde, en leerde op een nieuwe manier te ademen. Toen Dolfijn doorging met dit nieuwe ritme, trad hij de Droomtijd binnen. Deze realiteit was nieuw, en heel anders dan de zeeën die hij tot nu toe had gekend.

Dolfijn kwam tot de ontdekking dat er onderwatersteden bestaan in de Droomtijd. Bovendien kreeg hij het geschenk van de oorspronkelijke taal. Deze *nieuwe taal* was de *geluid*staal, die door Spin vanuit de Grote Sternatie werd overgebracht. Dolfijn leerde dat alle communicatie bestaat uit patroon en ritme, en dat het nieuwe aspect van communicatie geluid is; hij gebruikt dit oorspronkelijke patroon tot op de dag van vandaag.

Dolfijn keerde terug naar de oceaan van de Grote Moeder. Hij was zeer verdrietig, totdat Walvis langszwom en Dolfijn vertelde dat deze de boodschapper van de bewoners van de Droomtijd zou kunnen worden. Hij hoefde hiervoor alleen maar het ritme te voelen en de ademhaling te gebruiken. Dolfijn kreeg een nieuwe baan. Hij werd de drager van de boodschappen van onze vooruitgang. De bewoners van de Droomtijd waren nieuwsgierig naar de Kinderen van de Aarde; ze wilden dat we zodanig zouden groeien dat we één zouden worden met Grote Geest. Dolfijn moest de verbindingsschakel zijn.

Als Dolfijn vandaag de golven in je kaarten heeft doen schuimen en aan je verschenen is, zul je een verbindingsschakel worden tussen een oplossing voor de Kinderen van de Aarde. Dit kan het moment zijn waarop je de handen ineen moet slaan met Grote Geest en antwoorden moet brengen op je eigen vragen of op die van anderen. Bovendien kan dit de tijd zijn van communicatie met de ritmen van de natuur. Je krijgt een waarschuwing dat je moet denken om je lichaamsritmen en om de energiepatronen waarmee de Schepper je voedt. Doe Dolfijn na, geniet van de golven van gelach en verspreid vreugde in de wereld. Adem diep en ervaar de manna die met gulle hand wordt gegeven. Gooi bestaande hindernissen omver en maak contact met de Droomtijd of de Grote Sternatie. Weet dat we allen heel zijn in de ogen van de Altijdlevende Ene.

ONDERSTEBOVEN:

Als Dolfijn omgekeerd verschijnt, weet dan dat je vergeet te ademen. Misschien sta je bloot aan voortdurende spanning, en heeft je lichaam manna nodig. Je laat wellicht je cellen en organen wegkwijnen, hoeveel vitaminen je ook slikt. Het kan zijn dat je natuurlijke cycli in het ongerede zijn geraakt. Schenk grote aandacht aan je gezondheid en je gevoelens. Als je uitermate

zenuwachtig bent, of alleen maar gespannen, neem dan de tijd om
te ontspannen, en adem levenskracht in je spieren. Laat heel
gericht de oude adem onder uit je longen ontsnappen, en vul je
ademhalingssysteem met vernieuwende manna. Adem vanuit het
middenrif in en laat de longen helemaal vollopen. Adem dan uit
vanuit de borst naar de buik, waarbij je je lichaam totaal ontspant.

Een andere boodschap van omgekeerde Dolfijn is, dat universele
getijden of golven dragers zijn van vele signalen, die momenteel
misschien niet door je sonar worden opgevangen. Je moet wellicht
weer aansluiting zien te vinden bij de natuurlijke ritmen in je
lichaam om deze golfpatronen te kunnen bespeuren. Dan is het
noodzakelijk om op de manier van Dolfijn te ademen, teneinde
verbinding te maken met universeel bewustzijn en universele
signalen.

Dolfijn zegt dat je diep in het water moet duiken, dat je bij de
koraalriffen moet spelen en dat je de schoonheid moet ontdekken
van het ritme van de ademhaling.

Walvis...
  Uit machtige oceanen,
    jij zag het allemaal.
      Geheimen aller tijden vinden
        in jouw roep hun kanaal.

Leer me wat de waarlijke wortels zijn,
  en hoe ik je woorden kan horen
    over de geschiedenis der mensen.
      Van toen onze wereld werd geboren.

41
Walvis

Walvis lijkt sprekend op een zwemmende bibliotheek. Walvis draagt de geschiedens van Moeder Aarde mee. Er wordt van Walvis gezegd dat hij hier geplaatst is door de Ouden van de Hondsster, Sirius.

Volgens biologen is Walvis een zoogdier, en leefde hij waarschijnlijk miljoenen jaren geleden op het land. In legenden van verschillende stammen vond de verhuizing van Walvis van land naar water plaats toen de Aarde verschoof en Lemuria, het Moederland, in de golven verdween.

Al onze rotstekeningen spreken van het Moederland, Mu, en van de ramp die het rode ras vanuit het westen naar Noord-Amerika deed gaan, voorbij de grote wateren. De symbolen in de rotstekeningen spreken van de rivieren en de bergen die onze voorouders moesten oversteken, op zoek naar vaste grond toen het water terugtrok.

Walvis was getuige van de gebeurtenissen die leidden tot de stichting van Schildpadeiland (Noord-Amerika). Hij heeft de verhalen en de kennis van het Moederland levend gehouden. Er wordt verteld dat Mu opnieuw zal verrijzen wanneer het vuur uit de hemel zal komen en zal landen in een andere oceaan op Moeder Aarde. De Indiaanse sjamanen wachten op deze gebeurtenis, die zij zien als het volgende teken dat de Aarde zal veranderen. De Kinderen van de Aarde zullen zich wel *moeten* verenigen en ze zullen wel eerbied moeten hebben voor alle levenswegen en alle rassen om te kunnen overleven.

Mensen met de kracht van Walvis hebben in hun DNA een code die hun in staat stelt te begrijpen dat geluidsfrequenties in de geheugens gegevens naar boven kunnen halen van oude kennis. Zoals er mensen zijn die helderziend zijn, zijn mensen met de kracht van Walvis meestal helderhorend. In elk geval kunnen ze zowel zeer lage als zeer hoge geluidsfrequenties horen. Ze zijn gewoonlijk ook paranormaal begaafd en in staat tot telepathie. Vaak zijn ze zich echter niet bewust van hun gaven, totdat het tijd is om de opgeslagen gegevens te gebruiken. Veel mensen met de kracht van Walvis zijn in staat om aansluiting te krijgen bij de universele Grote Geest, maar ze hebben er geen idee van hoe of waarom ze weten wat ze weten. Pas later, wanneer hun indrukken bevestigd worden, beginnen ze te begrijpen hoe ze weten of waarom ze de indrukken ontvingen.

De kracht van Walvis leert ons gebruik te maken van de geluiden en frequenties die onze emoties in evenwicht brengen en onze stoffelijke vormen helen. Als je je herinnert *waarom* de trommel van de sjamaan heling en vrede brengt, begrijp je de boodschap van Walvis. Het getrommel heeft het ritme van de universele hartslag, het verenigt alle wezens van hart tot hart.

Voordat spraak en de oorspronkelijke taal ontstonden, gebruikten de mensen gebarentaal. Veel stammen zwegen het grootste gedeelte van de tijd. De taal die toen werd begrepen, bestond uit de geluiden van de andere schepselen van Grote Geest, de dieren.

Als je de Walviskaart hebt getrokken, wordt van je gevraagd af te stemmen op deze oude gegevens en het goed te vinden dat je wordt toegezongen door hen die over de oorspronkelijke taal beschikken. Wij zijn de enige schepselen die geen eigen unieke roep hebben. Vind die van jou. Sta je stem toe dit geluid te gebruiken om spanning of emotie te ontladen. Walvis duidt op het vinden van je oorsprong, op het zien van je totale bestemming zoals vastgelegd in je DNA, en op het vinden van de geluiden waardoor deze gegevens zullen vrijkomen. Je zult waarschijnlijk nooit meer dezelfde zijn. Jij bent tenslotte de melodie van het universum; de harmonie wordt gevormd door het lied van de andere schepselen. Als je je stem gebruikt om je herinnering te activeren, druk je je uniekheid uit en je persoonlijk geluid. Wanneer je je openstelt voor deze uniekheid, kunnen je negen totemdieren hun geluiden naar jou of via jou zenden. Hierdoor zullen je persoonlijke gegevens toegankelijk worden, zodat je de geschiedenis van je ziel verder kunt onderzoeken en in nauw contact kunt komen met Walvis, die de geschiedenis van ons allemaal meedraagt.

ONDERSTEBOVEN:
Als Walvis in je kaarten is gestrand, houdt de omgekeerde kracht in dat je je sonar of radar niet hebt gevolgd. Op een bepaald niveau ben je vergeten dat je alle antwoorden in je bezit hebt die nodig

zijn om te overleven, om te groeien en om de kracht op te eisen van je gekozen bestemming.

Het kan zijn dat je met een hoop gebabbel in je hoofd te maken hebt, waardoor je niet bij je persoonlijke gegevens kunt komen. Als dit het geval is, moet je misschien van andere geluiden gebruik maken om de stilte binnen te gaan. De trommel of ratel, de Indiaanse fluit, of de geluiden van de natuur kunnen je helpen. De roep van Walvis is het slaapliedje van de getijden. Wieg jezelf zachtjes en drijf de wereld van de zee binnen. Stroom mee met de wateren van de tijd en verzamel *jouw* antwoorden – zij vormen de enige waarheid die je naar je persoonlijke weg van weten zal leiden.

Omgekeerde Walvis zegt dat je moet *verlangen naar weten*. Je moet op zoek gaan naar het lied van Walvis in jezelf. Als je de roep van Walvis hoort, zul je op cellulair niveau verbinding maken met de Ouden. Als je je dan ontspant en je laat meevoeren op het ritme van het lied, zal je *eigen* unieke herinneringsbibliotheek ontsloten worden. Misschien komt niet alles tegelijk naar boven. Misschien is er oefening voor nodig, maar als je het verlangen om te *weten* in je hart hebt gesloten, zal Walvis je dit geschenk geven. Kijk naar de Grote Sternatie, en dank Sirius voor het lied van Walvis.

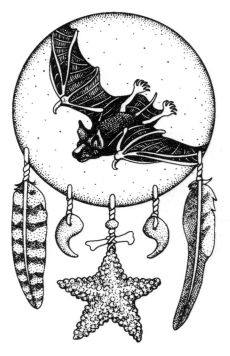

Heilige Vleermuis... vloog naar mij,
vanuit het duister van de grot.
Bespiegelingen uit de baarmoeder,
antwoorden gaf hij.
Geboorte, dood, wedergeboorte,
cycli van het geheel...
Eeuwig durend,
net voorbij,
de reis van de ziel.

42
Vleermuis
Wedergeboorte

De legende van Vleermuis is doortrokken van het mysterie van Middenamerikaanse stamrituelen. In Midden-Amerika is Vleermuis het symbool van wedergeboorte, een begrip dat verwant is met het oude boeddhistische geloof in reïncarnatie. De kracht van Vleermuis is eeuwenlang zeer in trek geweest bij de Azteken, Tolteken, Toluca's en Maya's.

Vleermuis omvat het idee van sjamanistische dood. De rituele dood van de heler is doortrokken van geheimen en zeer ingewikkelde inwijdingsriten. De dood van de sjamaan is de symbolische dood van zijn of haar oude manier van leven en van zijn of haar persoonlijke identiteit. De inwijding waardoor iemand het recht verkrijgt te helen en sjamaan genoemd te worden, wordt noodzakelijkerwijs voorafgegaan door rituele dood. De meeste van deze rituelen zijn onmenselijk hard voor lichaam, ziel en geest. Het is tegenwoordig zeer moeilijk om iemand te vinden die de mishandelingen kan verdragen en erdoorheen komt zonder zijn of haar evenwicht kwijt te raken.

De idee achter de oude inwijdingen was, dat alle vroegere noties van 'zelf' die de sjamaan in wording erop nahield, moesten worden afgebroken. Hij of zij moest zich onderwerpen aan wrede proeven om lichamelijke kracht en paranormale gaven te testen. Bovendien werd er zware emotionele druk uitgeoefend. Het was heel gewoon dat de aspirant-ingewijde werd beschimpt en dat er op hem of haar werd gespogen. Daardoor leerde hij of zij beproevingen met nederigheid en geestkracht te doorstaan. De laatste stap in het inwijdingsritueel bestond eruit, dat de sjamaan in wording voor een nacht in de aarde werd begraven opdat hij of zij de volgende ochtend zonder ego werd herboren.

Dit ritueel lijkt veel op dat van 'de nacht van vrees' bij de oorspronkelijke bewoners van Schildpadeiland. Deze 'nacht van vrees' houdt in dat de sjamaan in wording naar een bepaalde plek wordt gestuurd om daar zijn of haar eigen graf te graven. Hij of zij moet daar dan de nacht helemaal alleen doorbrengen in de baarmoeder van Moeder Aarde, waarbij de bovenkant van het graf is afgedekt met een laken. Door de duisternis en de geluiden van rondsluipende dieren wordt hij of zij snel geconfronteerd met zijn of haar angsten.

Zoals de duisternis van het graf haar functie heeft in dit ritueel, zo heeft ook het hol van Vleermuis zijn functie. Ondersteboven hangen staat symbool voor de omzetting van je vroegere zelf in een wedergeboren wezen. Het is tevens de positie die baby's innemen wanneer zij via de baarmoeder van de vrouw ter wereld komen.

Als Vleermuis vandaag in je kaarten is verschenen, is het tijd voor de rituele dood van een manier van leven die niet langer bij je nieuwe patroon van groei past. Misschien moet je oude gewoonten afzweren, of de positie innemen die je voorbereidt op wedergeboorte of, in sommige gevallen, inwijding. Hoe dan ook, Vleermuis is een teken van wedergeboorte van een gedeelte van jezelf, of van de dood van oude patronen. Als je je verzet tegen je toekomst, kan het gaan om een lange, uitgesponnen, pijnlijke dood. Het universum vraagt altijd van je dat je groeit en je toekomstige zelf wordt. Om dit te kunnen doen, moet je de dood van een sjamaan sterven.

ONDERSTEBOVEN:
Als Vleermuis nog steeds ondersteboven in zijn hol hangt, heb je te maken met zijn omgekeerde kracht. Deze positie leidt tot stagnatie van de geest en tot ontkenning van je ware bestemming, die altijd bestaat uit het ten volle benutten van de talenten die je hebt meegekregen. Is er een bepaald levensterrein verzand geraakt, waardoor je niet meer in staat bent tot schepping? Als dit zo is, geef je dan over aan de dood van die stagnatie.

Vleermuis kan ook inhouden dat je bezig bent de natuurlijke cyclus van wedergeboorte om te draaien en dat je achterstevoren op het leven lostrekt. Dit is in zekere zin een stuitgeboorte. Doordat je niet begrijpt hoe je de bevrijding van jezelf moet aanpakken, kun je te lang blijven strijden in het geboortekanaal, en dood geboren worden. Het uiteindelijke resultaat kan de dood van het lichaam zijn. Sommige mensen zetten zichzelf helemaal vast doordat ze denkbeeldige hindernissen voor zichzelf opwerpen. Tegen de tijd dat ze weten wat ze moeten doen, zijn de kansen verkeken en zijn ze te oud. Ze hebben geen notitie genomen van hun dromen. Omgekeerde Vleermuis gebiedt je je geest, moed en kracht te gebruiken om een vlotte bevalling en snelle geboorte in je nieuwe staat van begrip en groei te bewerkstelligen. Geef je over aan het nieuwe leven dat je met behulp van gedachten en verlangens hebt geschapen, begroet deze dageraad dapper.

Als je je bezorgd maakt over vandaag en morgen maar niet over de tijd daarna, vergeet je verder te kijken dan je neus lang is. Indiaanse leringen zeggen dat wij verantwoordelijk zijn voor de generaties na ons, omdat wij de voorouders van de toekomst zijn. Wat jij vandaag doet, zal van invloed zijn op de komende zeven generaties. Elke beslissing, elke gedachte creëert een staat van stagnatie of wedergeboorte voor hen die je volgen op de Goede Rode Weg. Als je jezelf blokkeert, kun je de generaties na jou blokkeren.

Vleermuis vliegt 's nachts. 's Nachts worden ook je dromen geboren. Door deze dromen kunnen toekomstige beschavingen tot stand komen, koester ze dus.

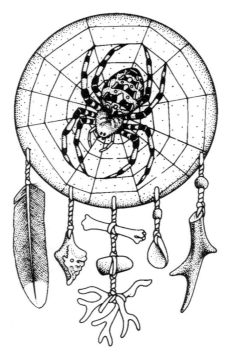

Spin... jij die webben van verrukking weeft,
weef me een wereld vol vrede.
Jij die in je web schepping draagt,
die wacht tot je haar bestaansrecht geeft.

43
Spin
WEVEN

Spin weefde het web waarin de mensen voor de eerste keer het alfabet zagen. De letters maakten deel uit van de hoeken van haar web.

Hert vroeg Spin wat ze aan het weven was en waarom alle lijnen op symbolen leken. Spin antwoordde: 'Wel, Hert, het is tijd dat de Kinderen van de Aarde leren hoe ze aantekening moeten houden van hun voortgang tijdens hun Pad op Aarde.' Hert zei tegen Spin: 'Maar ze hebben al afbeeldingen die in symbolen de verhalen van hun ervaringen vertellen.' 'Ja,' zei Spin, 'maar de Kinderen van de Aarde worden complexer, en hun toekomstige generaties zullen meer willen weten. De mensen van de toekomst zullen zich niet meer herinneren hoe ze de rotstekeningen moeten lezen.'

Zo weefde Spin het eerste rudimentaire alfabet. Eerder al had ze de droom van de wereld geweven, die werkelijkheid was geworden. Haar droom van de stoffelijke wereld was miljoenen jaren geleden in vervulling gegaan.

Het lichaam van Spin heeft ongeveer de vorm van het cijfer acht. Het bestaat uit twee gedeelten, die bij het middel met elkaar zijn verbonden, en uit acht poten. Spin is het symbool voor de oneindige mogelijkheden van schepping. Haar acht poten stellen de vier winden van verandering voor en de vier richtingen op het Medicijnwiel.

Spin weeft het web van het lot voor degenen die in haar web gevangen raken en haar maaltijd vormen. Zo gaat het ook met mensen die in het web van illusie gevangen raken in de stoffelijke wereld, en nooit voorbij de horizon doordringen in de andere dimensies.

Het web van het lot stelt ook een levenswiel voor dat geen alternatieven of oplossingen inhoudt. Het is iets typisch menselijks om gevangen te raken in de tegenstelling van geluk en ongeluk. En dat terwijl we op elk moment verandering kunnen aanbrengen in onze omstandigheden. Als we niet snel genoeg besluiten om ons levenslot te veranderen, worden we aan het einde van ons leven misschien door onze angsten en beperkingen verteerd.

Spin is de vrouwelijke energie van de scheppende kracht die de prachtige ontwerpen van het leven weeft. Haar web vertoont honderden ingewikkelde patronen, die 's ochtends schitteren van de dauwdruppels.

Als Spin vandaag vanuit haar web in je kaarten is gevallen, heb je kans dat ze je aanspoort om te scheppen, te scheppen en nog eens te scheppen! Kijk uit naar nieuwe alternatieven om uit je huidige impasse te komen. Ze kan je ook waarschuwen dat je te dicht bij een verwarrende situatie in de buurt komt. Spin zou je kunnen vragen een dagboek bij te houden, waarin je je voortgang opschrijft en naleest. Als je dit doet, zul je niet vergeten *hoe* je een nieuwe of andere fase in je leven creëert.

Wanneer Spin ziet dat je zo betrokken raakt bij het weven van je levensplannen dat je de kansen en mogelijkheden aan de randen van je web niet meer ziet, brengt ze je een andersoortige boodschap. Spin trekt dan je aandacht om je te laten opmerken dat iets dat je geweven hebt, vrucht heeft afgeworpen. Gefeliciteerd! Spin was er net op tijd bij, anders had je de kansen en mogelijkheden aan de rand van je web *of* werkelijkheid niet opgemerkt.

De belangrijkste boodschap van Spin is dat je een oneindig wezen bent, dat je eeuwig de patronen zult weven van het leven en het in leven zijn. Verlies vooral de uitgestrektheid van het eeuwige plan niet uit het oog.

ONDERSTEBOVEN:

Het tegengestelde aspect van Spin is verwant met de negatieve kant van de vrouw. Spin zal haar partner opeten als ze te veel in zichzelf verzonken raakt om de geldigheid te zien van mannelijke energie. De krijger aan haar zijde zorgt voor tegenwicht. Als je de laatste tijd je partner (man of vrouw) minachtend hebt behandeld en je zeer superieur hebt gevoeld, besteed je geen aandacht aan je mannelijke of vrouwelijke kant.

Als je momenteel geen vaste relatie hebt, kun je een familielid of collega tot het voorwerp van je kritiek hebben gemaakt. Dit soort negatieve kritiek maakt relaties alleen maar kapot. Het is een weerspiegeling van iets waaraan je bij jezelf een hekel hebt. Als je op deze manier probeert je ego op te pompen, heb je het spel verloren. Je bent verward geraakt in het web van je eigen illusie over wie je werkelijk bent. Het is tijd om eens uit te vinden waarom je zo kritisch bent en waarom je je zo zwak voelt dat je anderen moet aanvallen.

Als dit niet van toepassing is op jouw situatie, kijk dan eens naar een andere boodschap die de tegengestelde kracht van Spin je brengt: gebrek aan creativiteit. Als je je talenten niet gebruikt om het web rond te krijgen, kan je gebrek aan creativiteit omslaan in vernietigingsdrang. Als je het gevoel hebt dat je stagneert en dat je niet in staat bent op positieve manier richting aan je leven te geven, kun je het anderen kwalijk gaan nemen dat het hun wel goed gaat. Je kunt door deze wrok helemaal verteerd worden, en de enige die om je ontbinding zal rouwen, zul jij zelf zijn. Kom in beweging, laat de prestaties van anderen je inspireren tot vreugde en nieuwe ideeën. Ga met je nieuwe ideeën aan de slag om creatief verder te spinnen aan je eigen web van verrukking. Sla acht op het web van Spin, en put plezier uit de ideeën die ze in haar universele taal uitdrukt.

Kolibrie...
   Zusje vol vreugde,
      dat aan nectar behoefte heeft!

De zoete smaak
   van bloemen
      komt van de liefde die je geeft.

44
Kolibrie

Kolibrie is verbonden met de *Ghost Shirt*-religie. Volgens dit geloof
zouden de dieren terugkeren en de blanke mensen verdwijnen, als
een bepaalde dans op de juiste manier werd uitgevoerd. Dan zou
het Oorspronkelijke Volk de vreugde van de oude levenswijzen
weer kennen. In leringen van de Maya's staat Kolibrie in verbinding
met de Zwarte Zon en de Vijfde Wereld. Kolibrie kan ons de kracht
geven om het raadsel op te lossen van de tegenstrijdigheid van
dualiteit.

Het lied van Kolibrie maakt de bloemen met helende kracht
wakker. Kolibrie zingt een liedje dat vibreert van pure vreugde.
Bloemen houden van Kolibrie. Doordat Kolibrie hun nectar
opzuigt, kunnen zij zich voortplanten. Planten bloeien en leven
dank zij Kolibrie.

Kolibrie kan in elke richting vliegen: naar boven, naar beneden,
achteruit, en vooruit. Kolibrie kan ook op één plek in de lucht
hangen, terwijl het lijkt alsof ze niet beweegt. Grote Geest heeft
Kolibrie geschapen met het doel haar iets van andere gevederde
schepselen te laten afwijken.

Kolibrieveren worden al duizend jaar gebruikt bij de bereiding
van liefdesdrankjes. Zij bezitten magische eigenschappen. Er wordt
beweerd dat Kolibrie liefde te voorschijn kan toveren zoals geen
andere kracht dat kan, en dat Kolibrieveren het hart doen
opengaan. Zonder een open en liefdevol hart kun je nooit de
nectar en pure gelukzaligheid van het leven proeven. Voor Broeder
en Zuster Kolibrie is het leven een wonderland van verrukking. Ze
snellen van de ene mooie bloem naar de andere, waarvan ze de
smaken proeven en de kleuren uitstralen.

Als Kolibrie je persoonlijke kracht is, houd je van het leven en
van de vreugden van het leven. Uit jouw aanwezigheid putten
anderen vreugde. Je brengt mensen samen in relaties die het beste
in hen naar boven brengen. Je weet instinctief waar schoonheid te
vinden is, en gaat op reis naar je ideaal, of je er nu ver voor moet
reizen of niet. Je beweegt je gemakkelijk in een mooie omgeving,

en helpt anderen om de sappige nectar van het leven te proeven.

Kolibrie is in het bezit van de Boog van Schoonheid, die prachtig is ingelegd met gouden en zilveren bloemen, parels en kostbare juwelen. Kolibrie veracht lelijkheid en hardvochtigheid, en vliegt snel weg van tweedracht en disharmonie.

Als Kolibrie in je kaarten is gevlogen, maak je dan gereed om op muzikale wijze te lachen en om te genieten van de vele geschenken van de Schepper. Laat je kritische houding varen en ontspan je. Door Kolibrie zal je geest ongetwijfeld opflikkeren en van hot naar haar gaan snellen. Maak je gereed voor een vreemde nieuwe uitbarsting van energie die je zintuigen zal laten ronddraaien.

Kolibrie hoort hemelse muziek en is ermee in harmonie. Kolibrie kan je uitnodigen om naar een museum of een concert te gaan. Kolibrie omhelst energiek de hoogste schoonheidsleer.

Wees nooit ruw in het bijzijn van Kolibrie. Dit is een breekbare kracht, die wereldse zaken niet zo goed begrijpt. Schoonheid is het doel, en de opdracht van Kolibrie is vreugde te verspreiden of vernietigd te worden. Kolibrie sterft snel als zij wordt gekooid, gevangen of opgesloten.

Volg Zuster Kolibrie, dan zul je spoedig vervuld raken van onmetelijke vreugde, dan zul je opnieuw de magie van het leven ervaren.

ONDERSTEBOVEN:

Als omgekeerde Kolibrie in de groepering van je kaarten is verschenen, spreekt zij tegen je over hartsaangelegenheden. Hoe of waarom is je hart gesloten geraakt? Heb je iets ongevoeligs tegenover anderen uitgehaald, waardoor zij de liefde die zij eens voor je voelden, hebben ingetrokken? Omgekeerde Kolibrie kan verdriet voorspellen. Omgekeerde Kolibrie zegt ons dat we de vele zegeningen niet zien waarmee wij tweevoeters zijn bedeeld, dat wij blind zijn voor de oorspronkelijke schoonheid die ons omringt. Als omgekeerde Kolibrie haar troosteloze lied zingt, moet je misschien naar je persoonlijke pijn reizen en beseffen dat je verdriet als je er *anders* tegenaan kijkt, je vreugde is.

Aantekeningen

De auteurs

David Carson stamt af van de Choctaws, hij groeide op in Oklahoma en heeft in reservaten gewoond van Cheyennes, Crows en Sioux in Montana en Manitoba. Hij schreef over sociale kwesties in kranten en tijdschriften en publiceerde in 1973 het boek *Lament*.

Jamie Sams is een Indiaanse heler en sjamaan; zij is lid van de Wolfclan, de lerarenclan van de Seneca's. Sams stamt af van de Iroquois en de Choctaws, en is opgeleid in de heelkunde van de Seneca's, Maya's, Azteken en Choctaws. Zij verwierf grote populariteit met haar beide 'kaart'boeken: *Medicijnkaarten* en *Moeder Aarde Kaarten*.

Angela Werneke werkt al ruim twintig jaar als illustrator en grafisch ontwerper. Zij ziet haar werk als een middel om de aarde en haar bewoners te helen en te voeden. Zij woont in de omgeving van Black Mesa in het noorden van New Mexico.